社会科の教科書

昔と今とはこんなに違う

歴史・地理編

監修 加藤好一

水王舎

最新教科書は

① 誰もが知っている、用語や画が変わっている！

たしか、こんな用語や画だったのに……、と思う人がいるのも当たり前。変わった画や用語を紹介！

源頼朝

足利尊氏

武田信玄

<ruby>こ<rt>こう</rt></ruby>なっている!

旧教科書との違いを紹介。

② あの用語はどこへ？知らない用語が！

当時習ったのとは違う用語が次々と登場。どうしてその用語が生まれたのか、その原因も合わせて紹介！

③ ビジュアルも重視 図版や写真が豊富に！

現在の教科書はカラーで見やすく、図表も多く、とても理解しやすい。本書でも図表を豊富に使って内容を紹介！

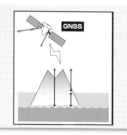

はじめに

「旧教科書の知識」を「最新教科書の知識」に覚え直そう

　教科書に載っている内容は"不変"でしょうか？
「不変だ」と断言できる人は少ないでしょう。けれども、「不変ではない」と答えたあなたも、小中学校時代の教科書の知識をそのまま覚えてはいませんか。その知識の多くは今、通用しなくなっています。たとえば、

- 稲作は弥生時代ではなく縄文時代に始まった。
- 「鎖国」ではなかった。
- 日本の輸入相手国一位は中国になった。
- もはや、地球の未来はバラ色に描かれていない。

　昭和46・49年発行と平成30年発行の中学社会科教科書を約50年の時空を超えてくらべると、こうした多くの変化があることに気づきます。
　新発見があったり新説が登場したり、世界や日本が変動すると、教科書の記述も年々変わっていくのです。
　まず古代史について「新説登場」の背景をいえば、戦前からの古い歴史観がくずれてきたということです。
近代史では、江戸から明治への変動を敗者の側からもとら

えるようになりました。旧来の「日本史」の枠もくずれて、沖縄・北海道を含む日本列島史に変わっています。

「世界の変化」とは、旧来の大国中心の世界がアジア・アフリカ・ラテンアメリカをふくめて多極化したことを指します。日本でも、世界の激動とかかわって産業や地域に大きな変化が起こっています。

中学の社会科教科書は、モノクロがカラーに変わっただけではありません。移り変わる時代の中で、こうしたさまざまな変化をリアルに反映しているのです。

そこで本書では、わかりやすい図やイラストを入れて、新旧の教科書では何がどう変わったか、なぜ変わったのか、そのアウトライン（あらまし）をビジュアル付きでお伝えします。

本書を読めば、以前必死に暗記したさまざまな「旧教科書の知識」を「最新教科書の知識」に楽しく覚え直すことができるでしょう。

また、これまでの人生体験に照らし、生きてはたらく知識として再生できるでしょう。今の中学生が学ぶ最新知識の覚え直しは、今日の受動を明日の能動に変えると、私は確信しています。

加藤 好一
（かとう よしかず）

もくじ

最新教科書はこうなっている！ ……………… 002
はじめに ……………………………………… 004

Part.❶ 歴史編

<日本史> 早見年表 ……………………………… 012
01 人類史の長さは7倍に ………………… 014
02 新文明によって四大文明が消えた!? …… 017
03 ゆれ動く「弥生時代」の定義 …………… 020
04 呼称が変わった日本一有名な古墳 ……… 022
05 「政権」？ それとも「王権」？ ………… 024
06 ルビの表記の多様化 …………………… 026
07 姿を消しつつある「任那」 ……………… 027
08 「帰化人」という表現は正確でない …… 028
09 怪しくなってきた聖徳太子の功績 …… 030
10 塗りかえられた最古の鋳造貨幣 ………… 034
11 賊将から評価されて歴史の表舞台へ …… 036
12 遣唐使は「廃止」から「中止」へ ……… 038
13 鎌倉幕府の成立年があやふやに ………… 040
14 元寇と神風の真実 ……………………… 042

- 15 日本人だけではなかった倭寇 …………… 044
- 16 「応仁の乱」から「応仁・文明の乱」 ……… 046
- 17 変わった肖像画……私はだあれ？ ……… 048
- 18 「士農工商」という身分制度はなかった …… 050
- 19 「鎖国」と命名したのはドイツ人!? ………… 052
- 20 島原の「乱」ではなく「一揆」 ……………… 054
- 21 「天領」から「幕領」へ ……………………… 056
- 22 日本史が日本列島史に変化した …………… 058
- 23 功罪両面!? 徳川綱吉の政策 ……………… 060
- 24 人気の偉人「坂本龍馬」の功績 …………… 062
- 25 一発逆転をねらった「大政奉還」 ………… 064
- 26 「東学党の乱」から「甲午農民戦争」へ …… 066
- 27 さまざまな説が論じられる「南京事件」 …… 067
- 28 太平洋戦争はいつ始まったか ……………… 068
- 29 日本では忘れられていた杉原千畝 ………… 070
- 30 朝鮮戦争はどちらの攻撃で始まったか …… 072
- 31 脱英語読みが進む偉人の名前 ……………… 074
- 32 どう締めくくられているか？ ……………… 076
- 用語解説【歴史編】 …………………………… 078

Part.❷ 地理編

<地理> 教科書構成	080
01 人口の多い国家ベスト５	082
02 世界の人びとの紹介	085
03 すでに存在しない国家	086
04 新たに生まれた国家	089
05 世界の独立国家の数	091
06 名称が変わった国家	094
07 何かが変わった首都	097
08 名称が変わった大都市	100
09 姿を変えた国際組織	102
10 いつの間にか消えたあの組織	104
11 移り変わる新興国	105
12 アメリカの主産業の変化	107
13 世界１位と２位の川の現在	109
14 山の標高が変わった!?	112
15 地図上から消えつつある湖	114
16 両極の重要度が低下した？	117

もくじ

- **17** 日本の領土をどう学ぶ？ …………………… 120
- **18** 諸島と群島を使い分け？ …………………… 122
- **19** 定義が広がった大陸棚 ……………………… 124
- **20** 火山の種類はひとつだけに !? ……………… 127
- **21** 海岸の地形の名が変わった ………………… 130
- **22** 自然災害と防災意識 ………………………… 132
- **23** 使われなくなった経済指標 ………………… 134
- **24** 日本の貿易相手 ……………………………… 136
- **25** 日本の工業地帯・地域 ……………………… 139
- **26** 低下をたどる食料自給率 …………………… 142
- **27** 日本の漁業のゆくえ ………………………… 144
- **28** 最小の都道府県が変わった？ ……………… 147
- **29** 増え続ける政令指定都市 …………………… 149
- **30** 続々とつくられる地図記号 ………………… 152
- **用語解説**【地理編】…………………………… 155

- さくいん ………………………………………… 156
- 参考文献 ………………………………………… 158

この本を読まれるみなさんへ

本書では昭和46と49年度発行された中学校の社会科教科書を「旧教科書」、平成30年に発行された中学校の社会科教科書を「最新教科書」として、その内容を紹介しています。

文章中の用語の後ろに「※」がある場合、Part最後のページの用語解説ページで用語の意味を説明しています。

Part. ❶

歴史編

〈日本史〉早見年表

下部の番号は歴史編のそれぞれの項目番号に対応しています。

西暦	B.C.	A.D.1	100	200	300	400	500	600	700	800	900	1000	1100
時代	旧石器時代	縄文時代	弥生時代		古墳時代			飛鳥時代	奈良時代	平安時代			
時代説明	大陸から人類が移動する。打製石器による狩猟生活。	縄目文様の土器(縄文土器)を使用。移動生活から定住生活へ。	大陸からの移住者が文様の少ない土器(弥生土器)や金属器を伝える。稲作が普及する。戦いの中で王の力が強まり、各地に小さな国ができる。		鉄製農具の使用で生産力が向上。支配者の大きな墓(古墳)が盛んにつくられるようになる。			奈良盆地の飛鳥地方が政治の主な中心地だった。	奈良の平城京に都が置かれ、朝廷が政治を司るようになる。	京都の平安京に都が置かれる。中期は有力貴族が政権を握る。後期になってくると台頭した武士が政治に影響力を及ぼす。			
項目番号	01 02		03		04 05 06 07 08			09	10	11 12			

年代	時代	できごと	番号
1200	鎌倉時代	鎌倉に武士政権（鎌倉幕府）が打ち立てられる。	13 14
1300	南北朝時代	各地の武士が南朝か北朝について対立し、内乱が続く。	
1400	室町時代	京都の室町に建てられた足利将軍家の邸宅で政治が行われる。	15 16 17
1500	戦国時代	将軍の権威が衰え、各地の有力者が争いを始める。	
1600	安土桃山時代	織田信長と豊臣秀吉による織豊政権が成立した。	
1700	江戸時代	徳川家康が江戸に幕府を開く。幕府と藩とが全国の人びとを支配する仕組みがしかれた。	18 19 20 21 22 23 24 25
1800			
1900	明治時代	近代国家へと歩み始め、ふたつの対外戦争が起こる。	26
	大正時代	普通選挙や護憲運動など、社会で民主主義的な風潮が広がる。	
	昭和時代	戦争を経て、急速な復興と成長を遂げて経済大国へと発展する。	27 28 29 30 31

Part.1 歴史編

歴史 01 人類史の長さは7倍に

「100万年以上も前に古生人類が誕生した」
⬇ ⬇ ⬇
「地球上に人類が現れたのは約700万年前」

「よくわかっていない」と記されていた時代も

　歴史の教科書は「人類の誕生」から始まっている。ところが、旧教科書と最新教科書では、その始まりに600万年もの差がある。

　はじめは「よくわかっていない」と記述されていたが、旧教科書では「100万年以上前」となり、2000年代に入ると「400万年前」とされた。そして、最新教科書では「約700万年前」となっているのだ。

　これほど大きな変化が生じたのは、古人類学上の新発見が次々とあったためだ。要するに、より古い人類の祖先の化石が発見され続けているからである。もっと古い時代の化石が見つかれば、教科書の記述もさらに書きかえられていくだろう。

　旧教科書では新人（現生人類）以外の人類を「古生人類」と称していたが、最新教科書では「猿人」「原人」「新人」として、それぞれについてくわしく紹介している。

　ちなみに、「旧人」とその代表格とされるネアンデルタール人は記述されなくなっている。ホモ・サピエンスの前段階であるホモ・ハイデルベルゲンシスから分かれた別種とされたからである。

《見直された人類の進化》

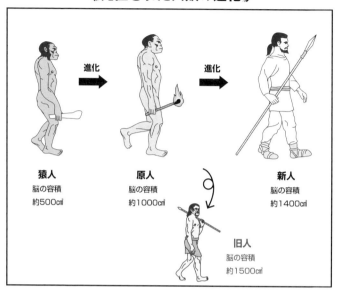

人類の進化の図から、旧人は除かれた。

最古の祖先はアウストラロピテクスではない!?

「人類の最古の祖先はアウストラロピテクス」と覚えている人もいるだろう。このアウストラロピテクスは、３８０万年前ごろから３００万年前ごろよりアフリカに存在するようになった猿人だ。だが、それ以前の４４０万前のラミダス猿人の化石が１９９２年に発見された。２０００年には７００万年前から６００万年前のものとされるサヘラントロプス猿人の化石が発見された。

最新教科書はこの事実にもとづいて「アウストラロピテクスなど」と幅をもたせて記述している。

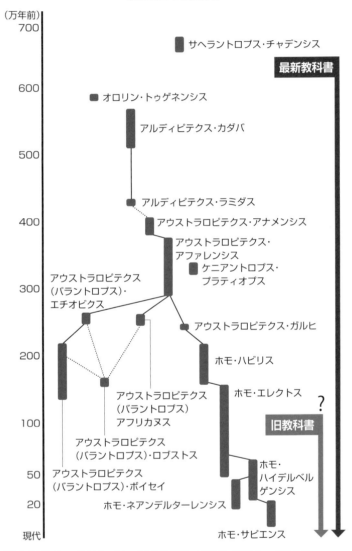

研究が進み、さらに古い人類の祖先が明らかになっている。

歴史 02 新文明によって四大文明が消えた!?

エジプト文明・メソポタミア文明・インダス文明・黄河文明
⬇ ⬇ ⬇
「黄河文明」と「四大文明」という用語が使われなくなった

文明が栄えた年代が微妙に変化

「エジプト文明」は、紀元前3000年ごろにナイル川流域で栄えた文明である。「メソポタミア文明」は、ティグリス（チグリス）川とユーフラテス川に挟まれたメソポタミア地域で紀元前3000年ごろに栄えた文明だ。このふたつの文明についての記述は、今も基本的には変わっていない。ただ、メソポタミア文明の起こりは「紀元前3500年ごろ」としている最新教科書もある。

「インダス文明」は主に現在のパキスタンのインダス川流域で栄えた文明である。旧教科書はその起こりを「紀元前2500年ごろ」としているが、現在では「紀元前2300年ごろ」に変わっている。

20世紀後半に判明した長江文明

大きく変わったのは、紀元前1600年ごろに中国の黄河流域で栄えた「黄河文明」の扱いだ。20世紀後半の遺跡発掘調査によって、同じ中国の長江流域に黄河文明とはまったく別系統の文明がほぼ同時代に栄えていたことがわかってきた。そのため、現在は両文明を合わせて「中国文明」と記述するようになっている。

したがって、「四大文明」(四大河文明) という呼称も教科書から消滅。エジプト、メソポタミア、インダス、黄河、長江の5つで、「四大」ではなくなったからだ。

そもそも、何をもって文明と定義するかはあいまいだ。日本の縄文文化を文明と呼ぶ学者もいるをはじめ、5つの文明以外にも世界各地に独自の文明が存在した、という学説も唱えられている。

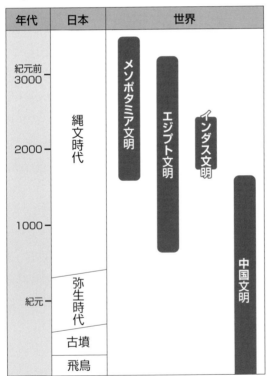

《 各文明が発達したころの時代区分 》

日本が縄文時代だったころ、大陸各地では高度な文明が栄えていた。

《 大河の流域で起こった古代文明 》

大河周辺の土地は、養分が豊富で作物を育てるのに適していた。
飲料水や生活用水の確保、物資の運搬も容易だった。

歴史03 ゆれ動く「弥生時代」の定義

日本で稲作が始まったのは「紀元前3世紀ごろ」
⬇ ⬇ ⬇
日本で稲作が始まったのは「紀元前7～6世紀ごろ」

縄文時代と弥生時代の区分があいまい

「瑞穂(稲穂)の国」とも呼ばれる日本の歴史において、いつ稲作が始まったのかは、興味深い問題といえる。

かつては、「紀元前3世紀ごろ」に大陸から朝鮮半島を経て伝わったとされていた。だが、遺跡の発掘調査で、それ以前の稲作の跡が見つかり、現在では「紀元前7～6世紀ごろ」に改められた。その時代は、従来の定説にしたがえば、縄文時代晩期にあたる。

そのため、近年では縄文時代と弥生時代の区分があいまいになってきている。これまでは稲作が定着してからを弥生時代としてきたが、そうとは言い切れなくなったためだ。

最新教科書では、弥生時代がいつから始まったのかをはっきりとは記載していない。ただし、一説として、「紀元前10世紀ごろに始まった」という仮説を紹介している教科書もある。

「弥生時代＝稲作時代」ではない

以前は、縄文時代の人びとは「狩猟採集」、弥生時代の人びとは「稲作農耕」を中心とした生活を送っていた、と教えられてきたが、これも変わってきている。縄文時代に、

すでにゴマやアワ、イモなどを栽培していたことがわかってきたからだ。

さらに、弥生時代の北海道や沖縄では稲作が行われず、狩漁採集を中心とする独自の文化が生まれたことを記している教科書も少なくない。つまりは、弥生時代＝日本列島に稲作が定着した時代ではなくなっているのだ。

《 稲作文化はどこを通って日本列島へ 》

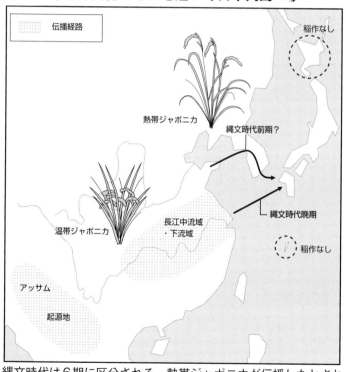

縄文時代は6期に区分される。熱帯ジャポニカが伝播したとされる前期は7000年前〜5500年前、温帯ジャポニカが伝播したとされる晩期は3300年前〜2800年前だ。

歴史 04 呼称が変わった日本一有名な古墳

日本最大級の前方後円墳は「仁徳天皇陵」
⬇ ⬇ ⬇
日本最大級の前方後円墳は「大仙古墳(伝仁徳天皇陵)」

考古学的には天皇陵か証明できていない

 3世紀から6世紀ごろにかけて、近畿地方を中心に多数の前方後円墳がつくられた時代を「古墳時代」という。その中でも最大級の規模を誇っているのが、大阪府堺市にある「大仙古墳」だ。
 宮内庁が第16代・仁徳天皇の陵墓と認定しているため、旧教科書では「仁徳天皇陵」と表記されてきた。
 しかし、2018年時点では発掘調査されておらず、考古学的に仁徳天皇の陵墓であることが証明されたわけでない。そのため、最新教科書では大仙古墳という名称を前面に出し、仁徳天皇の名は(伝仁徳天皇陵)などと補足情報として表記している。伝仁徳天皇陵とは「仁徳天皇陵と伝えられている」という程度の意味だ。

仁徳天皇陵は後世の通称

 仁徳天皇陵という名称を前面に出さなくなったのは各教科書とも共通しているが、その表記にはバラつきがある。たとえば、「大仙古墳(仁徳陵古墳)」や「大仙(仁徳陵)古墳」と表記していたり、または「大山古墳」という表記を併記している教科書もある。「大仙」という名称は堺市が、

「大山」は大阪府が使用している。

ちなみに、古墳時代には「天皇」という呼称も存在せず、「大王(おおきみ)」という呼称だった。つまり、仁徳天皇陵というのも後世つけられた通称である。そして、宮内庁が使用している正式名称は「百舌鳥耳原中陵(もずみみはらのなかのみささぎ)」だ。

《 大仙古墳の位置と前方後円墳の内部 》

堺市

およそ1600年前につくられたとされる。最大長840m、最大幅654m。

堺市提供

前方後円墳の断面図の一例

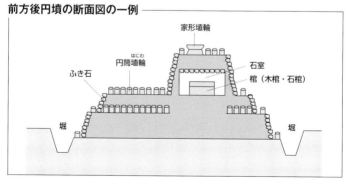

後円部に葬られ、前方部では葬儀が執り行われていたとされる。

歴史 05 「政権」? それとも「王権」?

> 3世紀後半の大王を中心とした勢力は「大和朝廷」
> ⬇ ⬇ ⬇
> 3世紀後半の大王を中心とした勢力は「大和政権」

「朝廷」というには早すぎた

「朝廷」という用語には、「国家」そのものを指す意味と、天皇を中心として政治を司る機関、つまり「政府」を指す意味の2種類がある。

古代日本の大和(奈良県)で成立した勢力を「大和朝廷」と教科書で記述しなくなったのは、まだ当時の支配勢力が国家と呼べるほど、整備されていなかったためだ。代わりに、近年は「大和政権」、または「ヤマト政権」という用語を使うようになった教科書が多い。

ただし、教科書の古代日本の記述から完全に朝廷という用語が消えたわけではなく、「朝廷では冠位十二階の制度が定められ〜」といった形で使われ続けている。この場合の朝廷は、国家ではなく政府という意味で使われているのだが、少々わかりにくい。

《 朝廷の意味の変化 》

大王(天皇)と家臣が 政治を行う場		政府

政治が執り行われる場そのものが、政府を指すようになった。

「大和時代」という用語も消滅

　大王を中心とした当時の大和の勢力は、政府としての機能も整備されていなかったとする学説もある。そのため、「ヤマト王権」と記している教科書もある。要するに、大王の権力が確立されただけ、という意味だ。

　旧教科書ではこの時代を「大和時代」と呼称していた。しかし、ここまで見てきたことからもわかるように、大和の勢力を国家と呼べるかは疑わしくなっているため、現在は「古墳時代」という呼称が使われている。

《古墳時代の大和政権の勢力範囲（推定）》

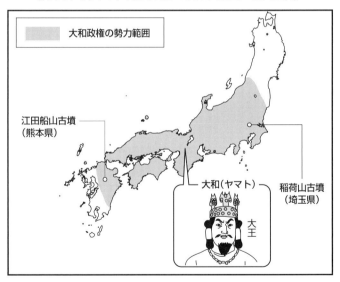

江田船山古墳と稲荷山古墳からの出土品が、大和政権の古墳の出土品と同じ特徴が見られることから、当時の大和政権の勢力範囲は、南は九州、北は東北付近に達していたと推定されている。

歴史 06 ルビの表記の多様化

百済、新羅、高句麗の読みは「くだら」「しらぎ」「こうくり」

朝鮮語読みのルビが振られていることもある

ペクチェ、シルラ、コグリョの朝鮮三国時代

　4世紀から7世紀にかけて朝鮮半島に存在した百済、新羅、高句麗の三国は、当時の日本と関係が深く、それぞれの読み方も定着している。だが近年、新聞やテレビなどで朝鮮半島の固有名詞を現地読みすることにならって、教科書の中には朝鮮語の読みがルビで併記されるものも出てきた。

　百済は「ペクチェ」、新羅は「シルラ」、高句麗は「コグリョ」だ。ただし、朝鮮語読みを併記せず、百済に「ひゃくさい」、新羅に「しんら」と別の日本語読みを併記する教科書もあるなど、統一的な方針は定まっていない。

本当はなんと発音されていたのか

　日本で百済をなぜ「くだら」と読むようになったのか明確にはわかってない。普通に読めば、「くだら」ではなく「ひゃくさい」となる。実際、日本の寺には百済寺と書いて「ひゃくさいじ」と読む寺も実在している。ほかにも、高句麗と書いて日本語で「こま」と読む場合もある。

　もっとも、当時の古代朝鮮で百済、新羅、高句麗がペクチェ、シルラ、コグリョと呼ばれていたかもわからない。

歴史07 姿を消しつつある「任那」

> 4～6世紀ごろ朝鮮半島南部にあった「任那」
> ↓↓↓
> 教科書ごとに名称が異なっている

「任那」に代わるさまざまな呼称

旧教科書では、古代朝鮮半島南部にあった小国（群）は「任那」の表記で共通していた。「みまな」か「にんな」の呼み方の違いがある程度だった。しかし、任那を大和政権の支配地とする考えは否定され、韓国などの反発も強まり、教科書から任那という語は消えていった。

ただ、代わりにどう表記するかはゆれている。「伽耶(かや)諸国」とする教科書もあれば、「加羅(から)（伽耶）」、「伽耶（加羅、任那）」「伽耶地域（任那）」とする教科書もある。

伽耶は朝鮮半島南部の小国群の総称で、加羅はそれに対する中国や古代日本での呼称だ。つまり、両者は同じものである。だが、「伽耶地域」と記せば、国名ではなく地域名になるので、とらえ方にぶれが生じている。

支配関係か協力関係か

当時の日本がある程度、伽耶諸国に影響力をもっていたことは遺跡調査などから明らかになっている。とはいえ、一方的な支配関係にあったのではない。そこで、良質な鉄や最新の技術を手に入れるため、深い協力関係を結んでいたという記述をしている教科書も多い。

歴史08 「帰化人」という表現は正確でない

4〜7世紀ごろに日本に渡ってきた人は「帰化人」

4〜7世紀ごろに日本に渡ってきた人は「渡来人」

日本に帰属していたかが疑問視される

「帰化」とは、外国生まれの人が別の国に渡り、その国の国籍を得ることだ。一方「渡来」とは、外国から海を渡ってきたという意味で国籍は関係ない。

当時、中国大陸や朝鮮半島から渡ってきた人たちが日本に帰属する形での移住だったかは不明である。聖徳太子に仏教を伝えた慧慈(えじ)のように、帰った人物もいる。そのため、1980年代ごろから「帰化人」という用語は適当でないとされるようになっていった。そして代わりに、「渡来人」が使用されるようになったのである。

文化にも政治にも及ぼした影響力

渡来人は日本に、土木工事や金属加工、絹織物、須恵器(すえき)と呼ばれる土器の製造方法などの技術を伝えたとされる。これらの技術は、日本の文化に大きな影響を及ぼした。

また、秦氏(はたうじ)や東漢氏(やまとのあやうじ)など、そのころの政権の中枢で勢力を誇った渡来人の集団もいた。有力豪族の蘇我氏も、祖先は渡来人であったとされている。

これらを考え合わせると、渡来人らが、その後の日本を形づくるうえで欠かせない存在であったことは間違いない。

《 渡来人と伝えられたもの 》

自然人類学者の埴原和郎氏の試算によると、3世紀ごろから8世紀ごろまでの渡来人の数は数十万から100万にも達するという。

人物名	渡来時期	伝えたもの
弓月君（ゆづきのきみ）	4〜5世紀	秦氏の祖といわれる人物。養蚕と機織の技術を伝えたとされる
王仁（わに）	5世紀	西 文氏（かわちのふみうじ）の祖といわれる人物。『論語』と識字と習字のテキストを伝えたとされる（漢字の正式な伝来）
阿知使主（あちのおみ）	5世紀	東漢氏・漢氏の祖といわれる人物。文章を書くことにすぐれ、日本の文筆の向上に貢献した
司馬達（しばたっと）	522年	鞍作氏（くらつくりのうじ）の祖といわれる人物。仏教を広めるのに尽力した。その孫は仏師の鞍作鳥（くらつくりのとり）
観勒（かんろく）	602年	百済の僧。暦本、天文、地理などを伝える
曇徴（どんちょう）	610年	高句麗の僧。絵の具、紙、墨の製法を伝える

歴史09 怪しくなってきた聖徳太子の功績

中央集権体制の確立を目指した聖徳太子

中央集権体制の確立を目指した聖徳太子（厩戸皇子）

死後100年以上経ってつけられた通称

聖徳太子は紙幣の肖像として一番多く使用されている、古代の日本を代表する人物だ。

旧教科書では、「聖徳太子」と表記されていたが、現在の教科書では聖徳太子とともに、厩戸皇子や厩戸王とも併記されている。

聖徳太子という名は、太子の死後１００年以上経ってから編纂された漢詩集『懐風藻』が初出とされており、元皇族の淡海三船が名づけたと考えられている。つまり生前、聖徳太子と呼ばれていないので、教科書では本名も記すようになったのだ。ちなみに、神武から元正までの天皇（弘文と文武を除く）の諱※をつけたのも淡海三船である。

太子のあの業績も後世の創作!?

聖徳太子についてゆらいでいるのは、呼称だけではない。太子の独自業績とされる「冠位十二階」は諸外国にも類似の例がある。「十七条憲法」は、後世の創作ではないかという主張が、近年強まっている。

そのため、このふたつの業績を「～といわれています」と伝聞形にしている教科書もみられる。一時期、教科書か

ら聖徳太子の名前が消えるかもしれない、ということが議論の的となった。研究が進むにつれ、事実がより明らかになっていけば、その可能性も否定できない。

《蘇我氏ともつながる聖徳太子の家系略図》

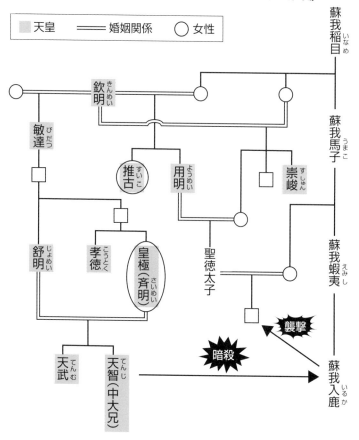

聖徳太子は外戚であった蘇我馬子と協力してほかの豪族を抑えこもうとしたが、太子の死後、蘇我氏は権力を増大させた。

十七条憲法から見えてくる問題

「和をもって貴しとなし」「篤く三宝を敬え」「詔(みことのり)を承(う)けては必ず謹め」などと、教科書では十七条憲法の一部を抜粋して伝えている。さらにくわしく十七条憲法を見ていくと、当時の政治状況がよくわかる。豪族の横暴なふるまいをいましめるとともに、怠慢だったり、権力を振りかざしたりする役人への訓示でもあった。

●第一条　何事も協調が大事

> 一にいう。和をなによりも大切なものとし、いさかいをおこさぬことを根本としなさい。人はグループをつくりたがり、悟りきった人格者は少ない。それだから、君主や父親のいうことにしたがわなかったり、近隣の人たちともうまくいかない。しかし上の者も下の者も協調・親睦の気持ちをもって論議するなら、おのずからものごとの道理にかない、どんなことも成就するものだ。

●第三条　上の言うことに従わないと国は滅びる

> 三にいう。王(天皇)の命令をうけたならば、かならず謹んでそれにしたがいなさい。君主はいわば天であり、臣下は地にあたる。天が地をおおい、地が天をのせている。かくして四季がただしくめぐりゆき、万物の気がかよう。それが逆に地が天をおおうとすれば、こうしたととのった秩序は破壊されてしまう。そういうわけで、君主がいうことに臣下はしたがえ。上の者がおこなうところ、下の者はそれにならうものだ。ゆえに王(天皇)の命令をうけたならば、かならず謹んでそれにしたがえ。謹んでしたがわなければ、やがて国家社会の和は自滅してゆくことだろう。

●第五条　賄賂をとってはいけません

五にいう。官吏たちは饗応や財物への欲望をすて、訴訟を厳正に審査しなさい。庶民の訴えは、1日に1000件もある。1日でもそうなら、年を重ねたらどうなろうか。このごろの訴訟にたずさわる者たちは、賄賂をえることが常識となり、賄賂をみてからその申し立てを聞いている。すなわち裕福な者の訴えは石を水中になげこむようにたやすくうけいれられるのに、貧乏な者の訴えは水を石になげこむようなもので容易に聞きいれてもらえない。このため貧乏な者たちはどうしたらよいかわからずにいる。そうしたことは官吏としての道にそむくことである。

●第八条　官吏は朝早く来て遅く帰りなさい

八にいう。官吏たちは、早くから出仕し、夕方おそくなってから退出しなさい。公務はうかうかできないものだ。一日じゅうかけてもすべて終えてしまうことがむずかしい。したがって、おそく出仕したのでは緊急の用に間にあわないし、はやく退出したのではかならず仕事をしのこしてしまう。

●第十二条　国司・国造（役人）は勝手に税をとらない

十二にいう。国司・国造は勝手に人民から税をとってはならない。国に2人の君主はなく、人民にとって2人の主人などいない。国内のすべての人民にとって、王（天皇）だけが主人である。役所の官吏は任命されて政務にあたっているのであって、みな王の臣下である。どうして公的な徴税といっしょに、人民から私的な徴税をしてよいものか。

出典『聖徳太子のこころ』金治勇（大蔵出版 1986年）

歴史10 塗りかえられた最古の鋳造貨幣

日本で最初に鋳造された貨幣は「和同開珎」

日本で最初に鋳造された貨幣は「富本銭」

飛鳥京跡から大量に発見された

　富本銭が日本最古の貨幣とされたのは、1999年に奈良県の飛鳥京跡から大量に発見されたためである。それまでも富本銭の存在は知られていたが、数が極めて少なかったため、公的に鋳造された貨幣であったのか疑問視されていたのだ。だが、大量に見つかったことで公的な貨幣であると認められ、教科書に記述されることになった。

　富本銭が鋳造された683年ごろは、第40代・天武天皇の治世下だ。

　貨幣鋳造をはじめ、日本が専制国家として生まれ変わろうとする中で天武天皇が果たした役割に対する評価は、近年とみに高まっている。

本当に流通していた貨幣はどちらか

　日本最古の貨幣の地位を富本銭に譲った和同開珎だが、教科書から完全に消えたわけではない。「富本銭に続いて和同開珎が鋳造された」といった形で記述は残されている。

　これは、富本銭が市場でどれだけ流通していたのかわからないためである。古代には「まじない」などだけに使用する厭勝銭と呼ばれる貨幣があり、富本銭はその可能性も

あるのだ。和同開珎は流通貨幣であったことがほぼわかっており、長安※の遺跡からも発掘されている。

《日本で流通したとされる主な通貨》

以下の直径はあくまで目安であり、貨幣ごとに個体差あり

飛鳥時代	**富本銭** 名称は中国古典の一節、 「民を富ませる本は食貨にあり」に由来。 直径24mm
奈良・平安時代中期	**和同開珎** 年号が和銅のときに鋳造され、 その名がつけられた。 直径24mm
平安後期・鎌倉・室町時代	**元豊通宝(左)・永楽通宝(右)**（げんぽうつうほう） 元豊通宝は宋銭、永楽通宝は明銭といわれ、どちらも当時の中国から輸入された。つまり、日本と中国は同じ貨幣を使っていた。 (左)直径24mm　(右)直径25mm
戦国・安土桃山時代	**天正通宝(左)・天正大判(右)** 天下統一を目前にしていた 豊臣秀吉が鋳造させた。 (左)直径25mm　(右)縦178mm×横108mm
江戸時代	**慶長小判(左)・寛永通宝(右)** 江戸時代に広く長く使われていた 小判と鉄銭。 (左)縦73mm×横39mm　(右)直径25mm
明治時代	**一円金貨(左)・五十銭銀貨(右)** 明治時代になり新貨条例によって つくれた貨幣。 (左)直径14mm　(右)直径31mm

富本銭は奈良文化財研究所提供、それ以外の貨幣は日本銀行貨幣博物館提供

歴史 11 賊将から評価されて歴史の表舞台へ

朝廷に逆らった蝦夷が討伐された
⬇ ⬇ ⬇
朝廷の軍と戦った蝦夷の指導者・阿弖流為

朝廷軍と果敢に戦った蝦夷の英雄

蝦夷とは、古代の東北地方に住んでいた人びとを差別した朝廷側の呼称だ。阿弖流為はその蝦夷の指導者である。

朝廷は789年におよそ5万の大軍を送って蝦夷を征服しようとしたが、阿弖流為の巧みな戦術により、失敗に終わった。

そこで朝廷では、801年に坂上田村麻呂※が征夷大将軍に任じられ、およそ4万の軍を率いて再度侵攻した。阿弖流為は果敢に抵抗したものの敗北。捕えられた阿弖流為は、京の都に連れて行かれ、田村麻呂による助命の懇願もむなしく、処刑された。

中央史観に対する批判の高まり

このように英雄的な歴史上の人物である阿弖流為が、長い間、教科書に載らなかった理由は、朝廷に刃向った賊軍のイメージが強かったためだろう。また、蝦夷への潜在的な蔑視もあったためと思われる。

しかし、1990年代以降、阿弖流為を扱った小説やドラマ、マンガなどが次つぎと発表され、しだいに阿弖流為に対する評価が変わり始めた。同時に、朝廷を中心とした

一方的な歴史観に対する批判が強まり、地方とその地に生きた人びととの歴史を記すことの必要性が見直されたからでもある。

　これらの事情から、阿弖流為が教科書で大きく扱われるようになったのである。１９９４年には、田村麻呂にゆかりのある京都の清水寺に、阿弖流為の碑が建てられた。

朝廷軍の侵攻により蝦夷は北へと追いやられていった。

歴史12 遣唐使は「廃止」から「中止」へ

菅原道真によって遣唐使は廃止された
⬇ ⬇ ⬇
遣唐使は中止された、遣唐使は休止された

日本に唐風文化をもたらした遣唐使

630年を第1回として、朝廷はたびたび遣唐使を派遣している。これにより、唐の進んだ文化や政治制度などが日本に伝えられ、奈良の平城京では唐風文化が花開いた。

平安時代に入ってもしばらく遣唐使の派遣は続けられたが、894年に遣唐大使に選ばれた菅原道真の進言により、この年の遣唐使は中止となってしまう。中止を申し入れた理由は、唐の政情が不安定なことと、航海の危険性が高いためだ。そして、これきり遣唐使の制度はなくなってしまった。907年には唐は滅亡する。

ただ、道真が申し入れたのはその年の遣唐使の「中止」に過ぎず、「廃止」を提言したわけではない。誰が決定したともなく、自然消滅的に遣唐使制度はなくなってしまったのだ。そのため、教科書の記述も変わったのである。

国風文化が盛んになるにつれ自然消滅

奈良時代から平安時代初期にかけては頻繁に送られた遣唐使だったが、9世紀中ごろからしだいに送られなくなり、道真が派遣されるはずの遣唐使は約半世紀ぶりであった。これは、もはや朝廷がそれほど唐の文化を求めなくなって

いたためである。また、それに代わる民間の交易船の往来も盛んになっていた。

　だが、唐の文物が入っても9世紀後半からは日本独自の国風文化が花開いている。このような時代の変化を受けて、遣唐使制度は自然と消えていったものと思われる。

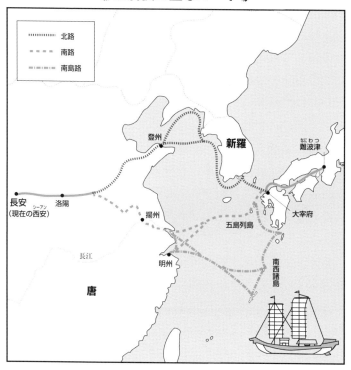

《 遣唐使の主なルート 》

遣唐使の主要ルートは3つあった。百済滅亡前は北路が使われたが、当時の日本と敵対していた新羅が朝鮮半島を統一した後は、南島路や南路が使われるようになる。

歴史13 鎌倉幕府の成立年があやふやに

鎌倉幕府の成立年は「1192年」
↓↓↓
鎌倉幕府は成立した

実質的な権力を握ったのは1185年

「イイクニつくろう鎌倉幕府」と語呂合わせで覚えていた人は多いはず。鎌倉幕府の成立が1192年とされていたのは、この年に源頼朝が朝廷から征夷大将軍に任ぜられたためだ。しかし、頼朝が幕府を開くといった宣言などをしたわけではない。征夷大将軍の就任をもって幕府の成立とするのは、根拠として少々弱い。

そこで最新教科書では、頼朝の挙兵から、平氏の打倒、奥州藤原氏の打倒、征夷大将軍の就任などを時系列で記述し、結果として「幕府が成立した」と記しているものがほとんどである。つまり、いつ幕府が成立したかを明確には書かなくなっているのだ。

あえて成立年にふれる場合は、1185年としている教科書が多い。この年、頼朝は全国に守護と地頭を設置する権利を朝廷から獲得し、日本の統治者としての実権を握ったことから、鎌倉幕府を開いた年としているのだ。

とすると、覚え方は「イイハコつくろう鎌倉幕府」になることも考えられるだろう。

幕府は政府を指す言葉ではなかった

本来、幕府とは大将のいる陣営や館を指す用語である。それが政府を示す言葉になったのは、江戸時代中期以降のこと。要するに、鎌倉時代に鎌倉幕府という用語は存在しなかったのだ。このことも鎌倉幕府成立の年があやふやになっている一因といえるだろう。

もっとも、江戸幕府の成立は、徳川家康が征夷大将軍に就任した1603年とされ、教科書の記述に変わりはない。

《 頼朝の経歴とその時代のできごと 》

年	経歴	できごと
1147	誕生	
1159	父の義朝が平清盛に敗北する	平治の乱が起こる
1160	伊豆（現在の静岡県）に流される	
1167		平清盛が太政大臣になる
1180	平氏打倒の兵を挙げる	源氏と平氏の争いが始まる
1184	弟の範頼、義経らに平氏追討を命じる	
1185	守護・地頭を全国に置く権利を得る	平氏が滅亡する **鎌倉幕府成立？**
1189	奥州藤原氏を滅ぼす	**鎌倉幕府成立？**
1192	征夷大将軍に就く	**鎌倉幕府成立？**
1199	死去	

鎌倉に館を構え、武士中心の政治を行い、守護・地頭を各地に置いた結果、朝廷が任じた国司の力が弱まる。この制度は以降の武士政権も継承した。

歴史14 元寇と神風の真実

13世紀の日本にモンゴル軍が侵攻してきた「元寇」
⬇ ⬇ ⬇
「元寇」という用語は使われなくなりつつある

鎌倉時代に「元寇」という言葉はなかった

「寇」とは「国外から侵攻してくる敵」という意味だ。1274年の文永の役と、1281年の弘安の役の二度にわたるモンゴル軍の襲来を「元寇」と称したのは、徳川光圀が編纂した『大日本史』が初出とされる。攘夷思想が高まった江戸時代の後期以降は、元寇という呼称が広まった。つまり、鎌倉時代には使われていなかったのだ。

そのため、現在では「元軍の襲来」「元の襲来」「蒙古襲来」「モンゴルの襲来」といった呼称になっている。

ちなみに、モンゴル帝国の礎を築いた人物の名は「チンギス汗」や「チンギスカン」と記されていたが、「チンギス＝ハン*」に変わっている。

日本だけが帝国をしりぞかせたわけではない

元軍の襲来について、戦前の教科書では「日本の武士が奮戦し、撤退した」というような記述だった。ところが、「暴風雨の直撃によってモンゴル軍は撤退、もしくは壊滅した」と一説に伝わっていたことから、日本は特別な国で、いざとなれば神風が吹くというような記述が戦中の教科書に登場する。そして最新教科書はというと、「夜になると海上

に引きあげ、撤退した」（文永の役）、「海上で暴風雨に襲われて大きな被害を受けてしりぞいた」（弘安の役）などとあり、戦前の記述に近くなっている。

しかも、モンゴル軍は当時の樺太やベトナム、インドネシアでも敗北しており、日本が特別というわけではない。さらに、暴風雨が撤退の直接の原因だったか、そもそも暴風雨が本当に起こったのかについても、近年は議論されている。

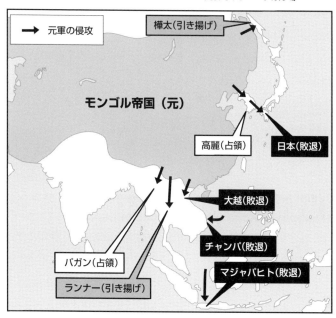

《モンゴル帝国の東アジア諸勢力の攻防》

当時無類の強さを誇った元軍も、日本や東南アジア、南アジアでの戦いでは、かんばしい成果を得られなかった。

歴史 15 日本人だけではなかった倭寇

日本人で構成された倭寇
↓↓↓
中国人や朝鮮人も加わっていた倭寇

日本人中心から中国人中心へ

　倭寇の「倭」が日本を示す漢字であることから、旧教科書では「九州北部や瀬戸内海の武士、漁民、商人による海賊行為」と記述されていた。しかし、実際には日本人だけではなく、中国人や朝鮮人も加わっていたことが、最新教科書には記されている。

　また、14世紀の倭寇こそ日本人が中心だったが、16世紀以降の倭寇は中国人が中心になったことや、豊臣秀吉がアジアとの貿易を進めるために倭寇を取り締まったことなども、くわしく記述されるようになった。

　この時代の東アジアにおける人びとの往来の面からも、倭寇の存在に注目が高まっているためだろう。

服装も言語も独特だった多民族集団

　倭寇というのは、略奪を受けた中国・朝鮮側からの呼称だが、当時から倭寇が日本人だけで構成されているわけではないことは広く認識されていた。そのころの記録にも、「真倭（本物の日本人）」と「偽倭（偽物の日本人）」という言葉が残されている。

　そもそも当時は、国境や国籍という概念が現在よりあい

まいであり、とくに民間レベルでは国家意識は薄かった。そのため、さまざまな民族が協同するのは少しもおかしなことではない。

　倭寇たちは、独特の服装をし、独特の言語を話していたという記録も残されている。まさに、多民族集団だったと考えられるのだ。

　ちなみに、１５４３年に種子島にポルトガル人を乗せた船が漂着し、日本に鉄砲が伝来したが、じつはその船は中国人船長の指揮する倭寇の船であった。

《 倭寇の主な活動域 》

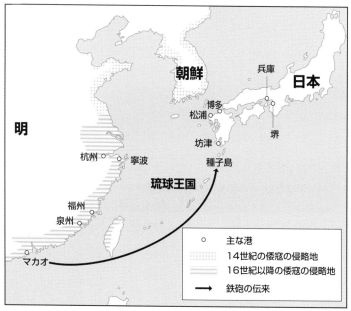

倭寇は大陸沿岸に位置する交易が盛んな港などを荒らしていた。

歴史16 「応仁の乱」から「応仁・文明の乱」

戦国時代の幕開けともいわれる「応仁の乱」
⬇ ⬇ ⬇
「応仁・文明の乱」が使われることが増えている

実際は文明年間での戦いのほうが長い

応仁元（1467）年に勃発したことから、長年、「応仁の乱」の呼称で呼ばれてきたが、実際には戦乱の大半は応仁の次の元号である文明年間にくり広げられている。

戦乱の期間をくらべてみると、応仁年間では3年間だが、文明年間では9年にもわたっているのだ。そのため、近年の一般書籍などでは「応仁・文明の乱」と表記されることが多い。

中学の教科書ではまだ「応仁の乱」と表記しているものがほとんどであるものの、高校の教科書では「応仁・文明の乱」とするケースも出始めている。その複雑な背景を解説している中学の教科書もあることから、これからさらに、その記述は変わっていくだろう。

日本史の転換点となった大乱

10年にも及んだ応仁・文明の乱によって、京の都は灰燼に帰した。戦火は全国に飛び火し、それが戦国時代の幕を開く契機となった。

乱の原因としては、従来は幕府の実力者である山名家※と細川家※の勢力争いと、将軍の後継争いを中心として語

られることが多かったが、それ以外の有力な守護大名たちの争いなども、乱の重要な要素としてクローズアップされるようになってきている。

《 応仁の乱における主要人物 》

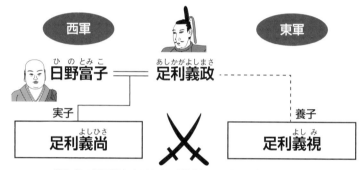

西軍 ─ 足利義政 ─ 東軍
日野富子（ひのとみこ）＝ 足利義政（あしかがよしまさ）
実子：足利義尚（よしひさ）　　養子：足利義視（よしみ）

第9代の将軍職をかけた甥（義尚）と、叔父（義視）の争い
のちに義尚は東軍へ、義視は西軍へと身を投じる

山名宗全（やまなそうぜん） × 細川勝元（ほそかわかつもと）

義尚の後見人である山名家当主と、義視の後見人である細川家当主の争い
のちに宗全は義視を支援し、勝元は義尚を支援する

畠山義就（はたけやまよしなり） × 畠山政長（まさなが）

畠山家の家督相続をめぐる、いとこ同士の争い

斯波義廉（しばよしかど） × 斯波義敏（よしとし）

斯波家の家督相続をめぐる、斯波家当主の養子同士の争い

歴史17 変わった肖像画……私はだあれ？

源頼朝と足利尊氏の肖像画、出家後の武田信玄の肖像画

源頼朝と足利尊氏の木像、出家前の武田信玄の肖像画

頼朝も尊氏も信玄も全員別人だった!?

　旧教科書において源頼朝として紹介されていたのは、京都の神護寺が所蔵する肖像画だ。しかし、この画のどこにも源頼朝の名前は記されておらず、近年では平 重盛※を描いたものという説が有力になってきている。そこで、現在は甲斐善光寺（山梨県）が所蔵する、頼朝の木像が教科書に掲載されている。

　室町幕府初代将軍の足利尊氏とされてきた人物画も、現在は別人を描いたものとされている。そのため、最新教科書に載っているのは木像だ。

　また、戦国武将の武田信玄といえば、入道姿の肖像画が広く知られているが、こちらは、一説には戦国大名である畠山義続※を描いたものともいわれる。そこで現在は出家前の肖像画に差しかわっている。

変わらず載り続けている人もいるが……

　お札にも使われた聖徳太子（厩戸皇子・厩戸王）の有名な肖像画も、近年は別人説が有力。ただし、代わりになる画や像がないためか、「聖徳太子と伝えられる肖像画」といった注釈つきで最新教科書に掲載されている。

最後に、幕末・明治初期に活躍した西郷隆盛の肖像画だが、弟の従道(つぐみち)をモデルに描かれたものだ。本人に似ていなかったらしく、肖像画をもとにつくられた上野の銅像を見た隆盛の夫人が「こんな人ではなかった」と断言したという逸話も残されている。だが、西郷の肖像画は教科書に注釈がないまま使われ続けている。

〈 差しかわった日本の武将の姿 〉

名前を聞けば真っ先に思い出す３人の武将の姿を覚え直そう。

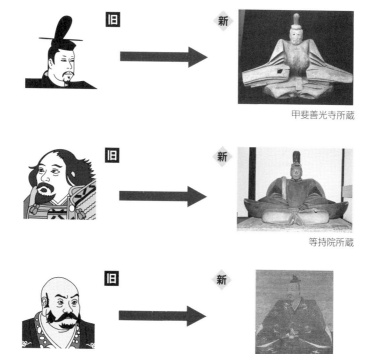

甲斐善光寺所蔵

等持院所蔵

高野山持明院所蔵

歴史18 「士農工商」という身分制度はなかった

江戸時代の身分制度は「士農工商」

士農工商という用語は教科書から消えた

江戸時代の身分は「武士と百姓・町人」

「武士（士）、農民（農）、職人（工）、商人（商）」という厳然とした身分制度が江戸時代にはあり、社会的地位は士が一番高く、商が一番低いとされた、と旧教科書には記されていた。だが、農、工、商の身分的な違いはなかったことが明らかになってきたこともあり、「士農工商」という用語は教科書で使われなくなった。

代わりに江戸時代の身分制度を説明する際には、「武士と百姓・町人」という分け方で教えている。武士が支配階級であったことは変わらないが、百姓と町人の違いは身分ではなく、住む場所の違いだけ。村に住んでいれば百姓、都市部に住んでいれば町人である。

また、百姓は農民を指すだけではなく、漁業や林業に従事する人たちなども含まれる。

扱いが難しくなった「四民平等」

士農工商という用語が消えたことで扱いが難しくなったのが、「四民平等」という用語だ。これは、明治政府が江戸時代の身分制度を解消し、皇族以外の国民をすべて平等とするとして打ちだしたスローガンだ。だが、士農工商と

いう身分制度がなかったとすれば、何をもって四民とするかが非常にわかりづらい。

そのため、最新教科書の中には、四民平等という用語を大きく扱わなくなっているものもある。

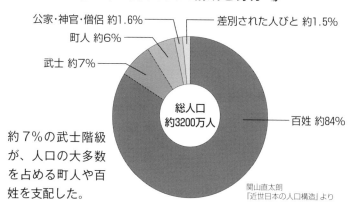

約7％の武士階級が、人口の大多数を占める町人や百姓を支配した。

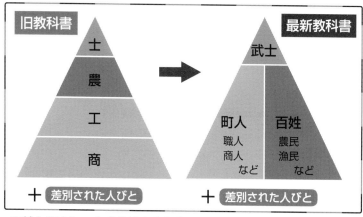

百姓と町人に、身分差は存在しなかった。

歴史19 「鎖国」と命名したのはドイツ人!?

> 江戸時代、幕府は鎖国をしいた
> ⬇⬇⬇
> 江戸時代、幕府は外国との貿易を制限した

海外に開かれていた「4つの口」

「鎖国」という用語の扱いが微妙になった理由は、江戸時代を通して、長崎で中国（明・清）とオランダ、対馬で朝鮮、薩摩で琉球、松前でアイヌと交易を続けていたからである。つまり、外国に対して門戸を閉ざしていたわけではないのだ。外国に向けて開かれていた長崎、対馬、薩摩、松前を「4つの口」という。

そもそも、鎖国という用語自体、江戸初期には存在していなかった。17世紀末に日本に滞在していたドイツ人医師ケンペルの著作が江戸時代後期に翻訳された際、そこで初めて鎖国という用語が使われたのだ。翻訳者で蘭学者の志筑忠雄の造語なのである。一般に広まったのは、さらにのちの明治時代以降のことだ。

完全には消えることはなかった

これらの事情により、近年の教科書から鎖国という用語を完全になくすべきとの動きもあった。しかし、あまりに急激な変更には反対意見も多く、結果として「のちに鎖国と呼ばれた」や「この体制を鎖国と呼んでいます」といった慎重な記述になっている。

とはいえ、当時は鎖国という用語が存在しなかったにしろ、江戸時代の人びとが自由に外国と交流できなかったことも事実だ。漂流した漁民が外国船に助けられても簡単には日本に戻れなかった。また、幕府も異国船打払令※を出したりしている。

なお、当時の対馬藩は朝鮮に倭館という事実上の日本人町まで置いており、また松前の昆布が琉球にまで運ばれるなど、その交流は活発であった。

《 江戸時代の交易 》

鎖国と呼べないくらいに各国との交易が行われていた。

歴史20 島原の「乱」ではなく「一揆」

島原の乱と踏絵
⬇ ⬇ ⬇
島原・天草一揆と踏絵・絵踏

実質的には内戦だが「一揆」

1637年から翌年にかけ、九州北西部の農民やキリシタンたちが中心となって領主に反旗を翻し、幕府や藩の大軍と戦った。このできごとを、以前は「島原の乱」と表記していた。それが、「島原・天草一揆」となったのは、次のような理由からである。

まず、「天草」という地名が追加されたのは、農民やキリシタンたちは最終的に島原藩内の原城跡に集結するものの、最初は島原と天草という別の場所で起こった騒動であるためだ。「乱」から「一揆」に変わったのは、重税に苦しむ農民たちの一揆という性格が強いと考えられるようになったためである。

もっとも、このときの一揆は武力闘争であり、実質的には内戦であった。

《キリスト教関連の主なできごと》

年	できごと
1549	フランシスコ・ザビエルが日本にキリスト教を伝える
1587	豊臣秀吉が禁教令を発布する
1596	再度、豊臣秀吉が禁教令を発布する
1612	徳川家康が幕領における禁教令を発布する。翌年には徳川秀忠が全国に対して禁教令を発布する
1637	島原・天草一揆が勃発

「道具」と「行為」の名称の違い

　キリシタン関連でいうと、「踏絵」と別に、「絵踏」という用語が最新教科書には登場している。旧教科書では、禁教であるキリスト教の信者であるか否かを調べるためにイエスやマリアが描かれた板を踏ませる行為を踏絵と表記していた。だが、踏絵とは、その板自体の呼称であり、それを踏ませる行為は絵踏という。その両者の違いをはっきり区別するようになったのだ。

　なお、九州北西部のキリシタンの遺産などは、2018年に世界文化遺産に登録されており、見ることができる。

《 九州北西部に点在している遺産 》

12の遺産で構成されている「長崎と天草地方の潜伏キリシタン関連遺産」。潜伏キリシタンとは、明治期になり禁教を解かれるまで潜伏していたことに由来する。

歴史21 「天領」から「幕領」へ

江戸幕府の直轄地は「天領」
⬇ ⬇ ⬇
江戸幕府の直轄地は「幕領」

「天領」とは「天皇の領地」という意味

　江戸時代は、諸藩の領地のほかに、日本各地には幕府の直轄地が存在していた。それを旧教科書では「天領」と表記していた。

　しかし、「天領」の「天」とは天皇のことであり、明治になって幕府直轄地が、そのまま天皇の領地となって以降、多く使われるようになった用語だ。幕府の領地を「天皇の領地」と呼ぶのは本来おかしいため、現在は「幕領」に改められている。

　ただ、幕領というのは幕府全体の領土を指す用語であり、直轄地のほかに、直臣である旗本や御家人の領地も含まれる。直轄地約４００万石に、旗本・御家人の領地約３００万石を足した７００万石が幕府全体の支配地だが、このうち明治時代に入って天領となったのは直轄地の約４００万石のみである。つまり、「幕領＝天領」ではないのだ。

「幕領」という用語もなかった!?

　さらに細かいことをいえば、40〜41ページでもふれたとおり、江戸時代中期まで「幕府」とは「政府」を意味し

ておらず、「大将のいる陣営や館」という意味であった。そのため、江戸時代には幕府の直轄地が幕領と呼ばれることはなかった。

　直轄地の当時の正式な呼び名は、「公儀御料」や「御領」である。要するに、幕領というのも、後年つくられた便宜上の用語にすぎないのだ。

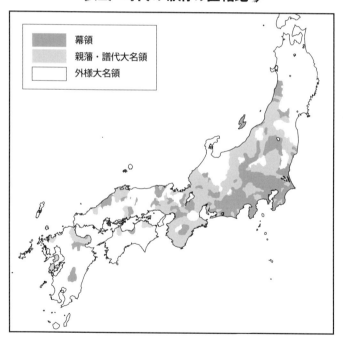

《 江戸時代の幕府の直轄地 》

- 幕領
- 親藩・譜代大名領
- 外様大名領

当時の全国の石高のうち幕領はその約4分の1を占める。親藩・譜代大名領も合わせると圧倒的であり、到底、外様大名は幕府にあらがうことはできなかった。

歴史22 日本史が日本列島史に変化した

琉球とアイヌについては、ほとんどふれていない
⬇⬇⬇
歴史や日本とのかかわりについて紹介されている

本土とはまた違う独自の歴史と文化

　最新教科書では沖縄に関して、14世紀に琉球王国が成立したことや、当時の東アジアと東南アジアの国ぐにを結ぶ中継貿易で栄えたことなど、その固有の歴史について解説している。

　また、江戸時代に入って薩摩藩に武力で支配されて以降の本土との複雑な関係についても記述されている。

　アイヌ民族に関しても、蝦夷地（北海道）の先住民として古代から独自の文化を築いてきたことや、14世紀以降の和人との戦い、江戸時代の松前藩による搾取、近代以降の北海道開拓とアイヌ民族との軋轢などが細かく記されている。

　さらに、ひと口にアイヌ民族とくくらず、ほかにもオホーツク文化※や擦文文化※などの文化系統があったことまで記述されているのだ。

アイヌ新法の制定と国連からの勧告

　教科書にこのような変化が生じた背景には、それまで歴史といえば、時代ごとの中央の統治者らの動向に重点が置かれ過ぎたことへの反省があるのは確かだろう。

１９９７年には、アイヌ民族が北海道の先住民族であることを実質的に認めた「アイヌ新法」が制定された。
　一方、２００８年には、琉球民族を先住民族として認定するよう日本政府が国連から四度目の勧告を受けたが、政府はこれを認めていない。
　しかし、日本史は統治者や中央政府の動きだけではなく、日本列島全体の歴史を追うように変わっている。

《 琉球王国とアイヌの主な年表 》

年	琉球王国のできごと
1429	琉球王国が成立する
1609	薩摩藩の侵攻を受ける（琉球侵攻）。以後、薩摩藩の支配のもとで、当時の中国との貿易を継続する
1872	日本に組み込まれ（琉球処分）、沖縄県が設置される

年	アイヌ民族のできごと
1457	和人とアイヌとの間で戦い（コシャマインの戦い）が起こる。蠣崎氏のもとに身を寄せていた武田氏が戦いを鎮める
1550	蠣崎氏がアイヌと和睦を結び、道南地方の支配権を確立する。のちに松前藩がアイヌとの交易権を独占する
17世紀～18世紀	和人とアイヌとの間で戦い（シャクシャインの戦い・クナシリ・メナシの戦いなど）が起こる

歴史23 功罪両面!? 徳川綱吉の政策

> 「生類憐みの令」などで庶民から嫌われていた
> ⬇ ⬇ ⬇
> 学問を奨励するなど、文治政治を押し進めた

「犬公方」と呼ばれた将軍

　第5代将軍である徳川綱吉は仏教の不殺生の思想にもとづき、犬をはじめとする多くの動物の命を奪うことを禁じ、「生類憐みの令」を定めた将軍として有名だ。この法令が出されると、関東の農民や江戸の町人たちは、犬の飼育料を徴収されるようになり、魚釣りすら禁じられたという。さらに、動物を誤って殺してしまうと処刑されることすらあったとされる。

　このため、庶民は綱吉を嫌い、犬公方※と悪意を込めて呼んだという。また、その治世下で物価が高騰したことも、庶民の反感を買った。

　なお、生類憐みの令は、綱吉が死んでからわずか10日後に廃止されている。

戦乱の気風を改めた文治政策

　従来の教科書の記述では、こうしたマイナスイメージの綱吉像が語られることが多かった。だが近年は、学問を積極的に奨励し、捨て子や老人など弱い立場の人びとの保護政策を進めるなど、善政をしいていた面についても、記されるようになっている。

綱吉がこのような政策を進めたのは、まだ戦国時代の雰囲気が色濃く、武力に頼ろうとする気風が残っていた世相を改めるためだったとされている。そして、この「武」から「文」への転換はある程度成功し、各藩では藩校が盛んに開かれるようなった。

〈 綱吉の政策へのさまざまな評価 〉

悪評
・生類憐みの令
・貨幣の改鋳（小判の純度を下げる）で金貨の流通量が増え、物価が上昇

好評
・文治政策への転換
・貧民の保護

悪評が先立ち、よい面がなかなか評価されてこなかった。

忌引き制度や喪中はがきのもとをつくる？

　仏教思想だけではなく、綱吉は死を穢れとして避けようとする神道思想にもとづき「服忌令」という法令を出している。これは、近親者が亡くなった際に、喪に服す期間について定めた法律だ。
　以後、服忌令は何度も改定されながら、１９４７年に廃止されるまで残っていた。忌引き制度や喪中はがきなどの風習は、この法令の影響である。

歴史 24 人気の偉人「坂本龍馬」の功績

「薩長同盟の仲介者」「船中八策を発案」
⬇ ⬇ ⬇
「薩長同盟の仲介者？」「船中八策を発案？」

「薩長同盟」という言葉はなかった

「尊敬する歴史上の人物」などのアンケートで、つねに上位にいる土佐藩出身の坂本龍馬。しかし、実際に龍馬が明治維新で果たした役割がどの程度のものか判然としないため、近年、その評価がゆらいでいる。

新旧の教科書には、龍馬が薩摩藩と長州藩の仲立ちをして、倒幕のための「薩長同盟」（薩長連合）が結ばれるきっかけをつくったと記されている。ただし、この同盟における龍馬の具体的な役割がはっきりしていないためか、知名度のわりには教科書での扱いは意外なほどに少ない。

ちなみに、薩長同盟が締結されたときの会談内容の公式記録は存在せず、正式な盟約書も残されていない。加えて、当事者らが薩長同盟という呼び方をしたこともない。後年、歴史家たちによってつけられた呼称だ。近ごろは「薩長盟約」とランクを下げた呼び方をする人も多い。

「船中八策」は本当に龍馬の作か？

龍馬は、日本が今後取るべき政策を記した「船中八策（せんちゅうはっさく）」を発案した人物としても広く知られている。だが、龍馬が船中八策を考え出したという証拠は存在していない。

そのため最新教科書では、龍馬が同郷である土佐藩士の後藤象二郎※に「政治構想を話したとされています」と、伝聞形になっている。
　現在残されている船中八策の書状は龍馬の手によるものではなく、のちに伝聞をもとにつくられたものだ。

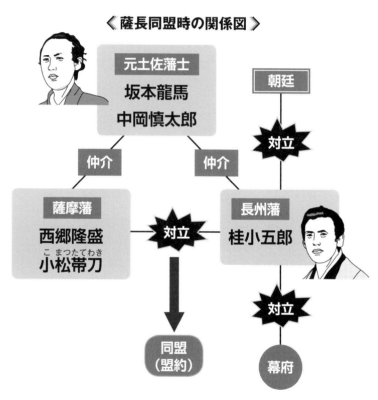

薩摩藩は友好関係にあったイギリスから武器を購入し、その武器は坂本らが設立した亀山社中（のちの海援隊）を通じて、長州藩が入手していた。こうして長州藩は幕府に対抗する力をつける。

歴史25 一発逆転をねらった「大政奉還」

江戸幕府に終焉を告げた徳川慶喜による大政奉還
⬇ ⬇ ⬇
大政奉還に秘められた慶喜の意図も詳細に説明されている

自主的な権力返上で影響力を維持？

　1867年、第15代将軍・徳川慶喜が大政奉還を行ったことで、260年以上続いた徳川宗家による幕藩体制は終わりを迎えた。

　旧教科書ではこのできごとについて、「朝廷に権力を返した」とだけ説明していた。しかし、最新教科書では、大政奉還ののちに慶喜が天皇のもとで大名会議を開き、みずからが議長の座に就いて、実権を握り続けようとした意図があったと説明されている。

　つまり、自主的に天皇に権力を返上することで自身の延命を図り、その後の新体制でも主導権を取ろうとしたのだ。いわば、窮地から一発逆転を狙った秘策だったのである。

慶喜の秘策をつぶした「王政復古の大号令」

　慶喜の意図を敏感に察知した西郷隆盛や岩倉具視ら討幕側は、朝廷に働きかけ、幕府を廃止して、天皇中心の新政府を樹立するという宣言「王政復古の大号令」を発した。

　そのうえで、慶喜に新政府への参加を禁じ、領地を朝廷に返上するよう命じた。要するに、自主的な権力の返上ではなく、強制的に権力を放棄させることで、慶喜の政治生

命を完全に消そうとしたのである。

この動きに対して慶喜は、王政復古の大号令の撤回を要求するも、業を煮やした薩摩藩の謀略をきっかけとして鳥羽・伏見の戦いが起こり、戊辰戦争が開かれるのだ。

《 慶喜の経歴と新政府の構想 》

年	経歴
1837	水戸藩主の七男として生まれる
1866	江戸幕府の第15代将軍に就任する
1867	京都の二条城で大政奉還を行う
1868	鳥羽・伏見の戦いで旧幕府軍が敗れると江戸へ戻り、戊辰戦争の終結まで謹慎する。その後は政治から距離を置いた生活を送る。
1913	大正2年に、77歳の生涯を閉じる

徳川方の新政府の構想

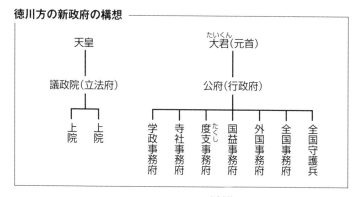

大政奉還後の政権について幕臣である西周が構想した組織図。大君には徳川慶喜が就任して行政権を握り、藩主などから構成される上下院が立法権を有するというものだった。

歴史26 「東学党の乱」から「甲午農民戦争」へ

> １８９４年に朝鮮半島で勃発した内乱「東学党の乱」
> ↓　↓　↓
> １８９４年朝鮮半島で勃発した内乱「甲午農民戦争」

新興宗教だった「東学」

「東学(とうがく)」とは、19世紀の朝鮮半島で、西洋の思想を否定し、仏教や儒教などの東洋思想を統合してつくられた新興宗教である。以前は１８９４年に朝鮮半島で起こった内乱が、東学の信者を中心にしたものと考えられていたため、「東学党の乱」と呼ばれていた。

この東学の幹部が内乱を指導したものの、農民が乱の主体であったため名称が変更された。十干十二支(じっかんじゅうにし)で１８９４年が甲午(こうご)の年にあたるため「甲午農民戦争」という。

内乱の原因についても、旧教科書では日本をはじめとする外国勢力を追い出すためと記述されていたが、それに加えて、腐敗していた李氏朝鮮の政治改革を求めてのものであったとも記されている。

戦後処理をめぐって日清戦争が勃発

甲午農民戦争の勃発に慌てた朝鮮政府は、当時の中国（清）に援助を求めた。これに対し、日本は在留邦人保護の名目で軍を送った。内乱は朝鮮政府と農民軍の交渉により終結したが、戦後処理を巡って日清が対立する。

この対立が発展して、日清戦争が勃発したのだ。

歴史27 さまざまな説が論じられる「南京事件」

「南京事件」言及されていないことが多かった
⬇ ⬇ ⬇
「南京事件」については複数の説がある

戦争の被害面と加害面

1937年7月に北京郊外の盧溝橋での武力衝突がきっかけとなり、日中戦争が勃発。日本軍は侵攻を続け、5カ月後には南京を占領した。そこで南京事件が発生する。

最新教科書では南京事件について「捕虜や民間人を巻き込んで多数の死傷者を出しました」や、日本軍が「女性や子どもを含む多数の住民を殺害しました」と記されている。だが、旧教科書では記述がないことのほうが多かった。記述が増えたのは、1980年代以降のことだ。

その契機となったのは、中国政府からの要請があったからであると同時に、日本国内でも戦争の被害面だけではなく、加害面も教えるべきという流れが強まったためである。

被害者数は慎重な記述

南京事件の被害者数については、数百人説から30万人説までと、研究者によって意見が異なっており、中国の主張と大きく食い違うものもある。

そのため、各教科書とも「犠牲者の数については、さまざまな説があります」や「さらに研究の必要があります」といった慎重な記述となっている。

歴史28 太平洋戦争はいつ始まったか

太平洋戦争は「真珠湾攻撃」により開戦

太平洋戦争は「マレー作戦」により開戦

1時間ほど早かった「マレー作戦」

　1941年に勃発した太平洋戦争は、日本海軍がハワイの真珠湾にあるアメリカ軍基地を奇襲した「真珠湾攻撃」によって戦端が開かれたと認識している人は多いだろう。実際、旧教科書にはそう記されていた。しかし、最新教科書には陸軍のイギリス領のマレー半島上陸（マレー作戦）が真珠湾攻撃より先に記述されている。

　マレー半島上陸作戦も真珠湾攻撃も同じ12月8日のできごとだが、前者は日本時間の午前2時15分に開始され、後者は午前3時19分に開始された。その差は1時間ほどにすぎないが、正確には太平洋戦争は真珠湾攻撃で始まったのではなく、マレー作戦で始まっているのだ。

　当時の新聞では真珠湾攻撃もマレー半島上陸も同じ記事の大きさで扱われている。

満州事変から始まった15年戦争

　ところで、太平洋戦争は1941年に始まり、1945年に日本の敗戦で終結した戦争を指す。近年は、アジアでの戦いを含めて「アジア・太平洋戦争」とも呼ばれる。「大東亜戦争」という呼称もあるが、こちらは1937年に始

まった日中戦争と太平洋戦争をまとめた呼称だ。この呼称を使うことは、太平洋戦争開戦時に閣議決定された。また、1931年の「満州事変」から1945年の終戦までを含める「15年戦争」という言い方もある。

ちなみに、第二次世界大戦とは、1939年にドイツのポーランド侵攻によって始まった戦争のことで、1941年に始まる太平洋戦争も、その一部となった。

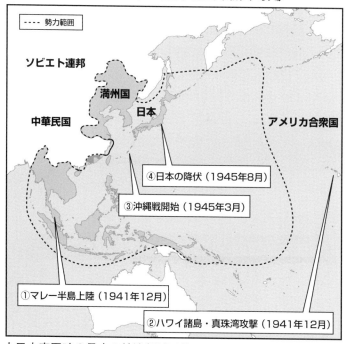

《 戦前の日本の勢力範囲（最大時）》

大日本帝国時の最大の統治領域は約68万㎢であり、現在の日本の約38万㎢とくらべて1.8倍も広かった。

歴史29 日本では忘れられていた杉原千畝

教科書での記載なし
⬇ ⬇ ⬇
6000人に及ぶユダヤ人を救った杉原千畝

外務省の命令に反した人道的行為

杉原千畝(すぎはらちうね)は、リトアニアの日本領事館に勤めていた外交官(領事代理)である。1939年に第二次世界大戦が勃発すると、ナチス・ドイツに迫害されたユダヤ人らが、ソビエト連邦と日本を通過してアメリカなどに亡命しようと、リトアニアの領事館に押し寄せた。

通過のためのビザを発行してよいか杉原が日本の外務省に問い合わせると、当時の日本はドイツと同盟関係にあったため、外務省はこれを不許可とする。だが、ビザがなければユダヤ人たちの命が危ないことは明らかであり、杉原は良心にしたがってビザを発行し続けた。

こうして救われたユダヤ人は、約6000人にも及ぶという。

公式な名誉回復は2000年になってから

杉原の人道的な行為は、戦後、国際的に高く評価された。それにもかかわらず杉原の功績が旧教科書に載らなかったのは、日本国内では、杉原は政府の命令に反した人物とされていたからである。事実、杉原は終戦後に外務省から放逐され、苦難に満ちた後半生を余儀なくされた。

日本政府が公式に謝罪し、杉原の名誉回復を図ったのは２０００年になってからである。杉原の死後、14年後のことであった。

《 千畝の経歴とユダヤ人の国外への脱出ルート 》

年	経歴
1900	岐阜県に生まれる
1939	リトアニアの在カウナス日本領事館領事代理となる
1940	プラハの日本総領事代理として赴任。以後、ヨーロッパ各国の領事館や公使館に務める
1947	帰国し、外務省を退職する
1986	死去する

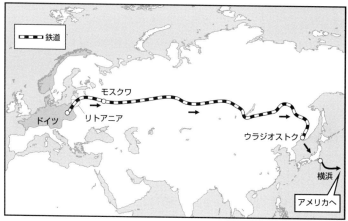

ソ連を横断し、船で日本へ渡り、そこから第３国へ行くのが、ユダヤ人がナチスから逃れられる数少ない方法だった。

歴史30 朝鮮戦争はどちらの攻撃で始まったか

どちらが先に進攻したか記載なし
⬇ ⬇ ⬇
朝鮮戦争は北朝鮮の侵攻によって始まった

朝鮮半島にふたつの国家が誕生

　第二次世界大戦後、朝鮮半島は北部をソビエト連邦（ソ連）軍に、南部をアメリカ軍に占領された。そして、1948年に南部にはアメリカの後押しを受けた大韓民国（韓国・南朝鮮）が、北部にはソ連の後押しを受けた朝鮮民主主義人民共和国（北朝鮮）が、建国された。

　北朝鮮と韓国は互いの存在を否定し、激しく対立。ついに1950年に両国間で戦争が勃発した。その契機について、旧教科書では「対立が深まって戦争が始まった」など、偶発的に発生したかのように記されていた。だが、現在は「ソ連の支援を受けた北朝鮮が、武力統一を目指し、南下したのがきっかけで始まった」と、北朝鮮の侵攻が開戦につながったと、明確に記述している。

冷戦構造の終焉により変更されたか

　旧教科書で朝鮮戦争がどちらの攻撃で始まったのかについて書かれなかったのは、開戦当初は北朝鮮による南進のためなのか、韓国による北進のためなのか意見が分かれていたからである。

　1970年代に入ると、北朝鮮の攻撃で始まったことが

明らかになったものの、教科書の記述に変化はなかった。

　北朝鮮の侵攻が記述されるようになったのは90年代以降のことだ。ちょうどこの時期、ソ連の崩壊などによる世界的な社会主義国の衰退が影響したともいわれている。

　なお、朝鮮戦争は韓国では「韓国戦争」、北朝鮮では「祖国解放戦争」と呼ばれている。

《 朝鮮戦争の経過 》

1950年9月

北朝鮮軍の進路 ➡

1950年6月25日、北朝鮮軍が38度線を越えて侵攻し、朝鮮戦争が開戦。韓国軍と国連軍は苦戦続きで、9月には釜山一帯にまで後退する。

1950年11月

国連軍の進路 ⇢

仁川上陸作戦をきっかけに韓国軍と国連軍が反転攻勢に出る。38度線を越えて進撃を続け、11月には中国国境近くまで北朝鮮軍を追いつめる。

1953年7月

中国軍の進路 ➡

中国軍の大規模支援によって北朝鮮軍が盛り返す。その後、一進一退の攻防をくり返し、38度線付近でこう着状態となる。1953年に休戦協定が結ばれる。

歴史 31 脱英語読みが進む偉人の名前

> **イスラム教の開祖は「マホメット」**
> ⬇ ⬇ ⬇
> **イスラーム教の開祖は「ムハンマド」**

母国語の発音に近い表記になった

　7世紀のはじめにアラビア半島でイスラーム教を開いた人物の名は、以前は「マホメット」で統一されていた。だが、最新教科書の大半は「ムハンマド」に変わっている。一部「ムハンマド（マホメット）」とカッコの中に以前の表記が残されている程度だ。

　これ以外にも、奴隷解放で名高いアメリカ大統領の「リンカーン」が「リンカン」に、第二次世界大戦時のアメリカ大統領の「ルーズベルト」が「ローズベルト」に変わっている教科書もある。

　これらの変化は、その国の言語の発音に近い表記にしようという動きがあるためだ。

世界一周を成し遂げたマガリャンイス？

　欧米の歴史上の偉人の名前は、これまで英語読みされるのが一般的だったが、それぞれの人物が活躍した地域と時代の言語に近い読み方にしようという動きも、近年急速に広まっている。

　たとえば、シェイクスピアの戯曲の表題にもなっているローマの政治家「ジュリアス・シーザー」は英語読みであ

る。実際はラテン語の「ユリウス・カエサル」のほうが当時の発音に近い。あるいは、「アレキサンダー大王」は「アレクサンドロス大王」だ。

この流れを受け、高校の教科書などでは、大航海時代の「マゼラン」が「マガリャンイス」となっている例もある。さすがにここまで変わると、誰のことだかわからない。

《 歴史上の偉人における表記の変化 》

● 教科書全般的な表記の変化

旧教科書	最新教科書
マホメット	ムハンマド
チンギス汗	チンギス=ハン
シーザー	カエサル
アレキサンダー大王	アレクサンドロス大王

● 一部教科書や参考書、用語集での表記の変化

旧教科書	最新教科書
ゴータマ=シッダールタ	ガウタマ=シッダールタ
フビライ=ハン	クビライ=ハーン
リンカーン	リンカン
エカテリーナ	エカチェリーナ
ルーズベルト	ローズヴェルト
ガンジー	ガンディー

歴史32 どう締めくくられているか?

人類の進歩発展への期待

技術文明の進歩における弊害という一面

未来への希望がつまった旧教科書

歴史の旧教科書で最後に扱われているのは、１９６５年に韓国との間に国交が回復されたものの、北朝鮮や中国とは国交が樹立されていないこと。沖縄はまだアメリカ占領下にあり、ようやく本土復帰の道筋が見えてきたことなどだ。これらの記述からわかることは、濃厚に戦後の雰囲気が残っていることである。

しかし、その一方で、ジェット機が世界を飛び回るようになり、宇宙開発が進んでいることも、高揚感をもってふれられている。

さらに、新時代のエネルギーとしての原子力に対する期待も大きく、「正しく利用すれば、人類の無限の進歩と繁栄が期待できる時代だ」とまで記されている。

全体的には、明るい未来への希望で締めくくられているといってよいだろう。

東日本大震災、原発事故、地球温暖化……

旧教科書に対して、最新教科書では、いずれも最後に東日本大震災を大きく扱い、福島第一原子力発電所事故について詳細に取り上げられている。旧教科書における原子力

の記述とくらべてみると、対照的な見方となっている。

　また、地球温暖化をはじめとする環境問題を、人類共通の緊急課題として取り上げている教科書が多いのも特徴である。

　さらに、「持続可能な社会」の実現を考えることが子どもたちのこれからの使命とされ、長い人類の歴史で培われた教訓を活かし、人びとが協力して諸問題を乗り越える必要性を投げかけるといった流れで、締めくくられている。

〈 旧教科書と最新教科書の最後 〉

	旧教科書	最新教科書
政治	・第三次佐藤栄作内閣、田中角栄内閣の発足 ・日中平和友好条約を締結	・国際社会における日本の役割
経済	・高度経済成長期から安定成長期 ・第一次オイルショック、第二次オイルショック	・長引く経済停滞 ・地域経済の衰退や生活格差
社会	・大阪万博、札幌五輪の開催 ・環境破壊と公害病が問題化	・自然災害への備え ・差別や偏見の解消への努力

時代が変わり、直面する新たな課題を克服しなければならない。

用語解説 歴史編

ページ	用語	解説
030	諱	身分の高い人の死後に、その人を尊んで贈る本名とは別の名。
035	長安	現在の西安。唐をはじめ、数多くの中国王朝で首都とされ、最盛期の人口は100万人にも達したという。
036	坂上田村麻呂	平安時代初期の武将。征夷大将軍として朝廷軍を率い、現在の東北地方の蝦夷を攻め、朝廷の勢力範囲を広げた。
042	チンギス=ハン	分裂していたモンゴル各部族を統一し、世界史上、もっとも広大な国家であるモンゴル帝国の礎を築いた。
046	山名家	源氏から派生した一族。全国屈指の守護大名であったことから、応仁の乱の際、当主の山名宗全が西軍大将を務める。
046	細川家	室町幕府の将軍補佐役である管領を輩出した名家。応仁・文明の乱の際、当主の細川勝元が東軍大将を務める。
048	平重盛	平氏の棟梁である平清盛の嫡男。その才覚に清盛も期待をかけていたが、清盛より先に病死。
048	畠山義続	畠山家は細川家と同様、管領を輩出する名家であり、義続は戦国時代における能登（石川県北部）の戦国大名。
053	異国船打払令	日本沿岸に接近した外国船を無差別に砲撃するよう命じた江戸時代後期の法令。
058	オホーツク文化	5〜10世紀にかけて、サハリン南部から北海道南千島のオホーツク海沿岸部などに展開していた海洋文化。
058	擦文文化	現在の東北北部や北海道に分布した、アイヌ文化よりも以前に成立した文化。その名は出土した擦文土器からつけられた。
060	犬公方	公方は「公家の方」の略称。江戸時代では将軍を指す。綱吉が犬をもっとも大切にしたことから呼称された。
063	後藤象二郎	土佐藩（高知県）出身の政治家。明治政府で大臣にもなったが、征韓論をきっかけに下野した。

Part. ❷ 地理編

〈地理〉教科書構成

下部の番号は地理編のそれぞれの項目番号に対応しています。

<第1編>
世界のさまざまな地域

新は旧教科書になかった内容

	項目番号
① 私たちの地球と世界の地域構成	01
② 人びとの生活と環境 **新**	02
③ 世界の諸地域	03 〜 16
④ 世界のさまざまな地域の調査	

<第2編>
日本のさまざまな地域

新は旧教科書になかった内容

	項目番号
① 日本とその地域構成	17 18 19
② 世界からみた日本の姿 **新**	20 〜 27
③ 日本の諸地域	28 29
④ 身近な地域の調査 **新**	30

旧教科書では日本のことから学習していたが、最新教科書では上の表のように世界のことから学習するようになっている

■新旧世界地図

●旧世界地図（1970年代）

●最新世界地図（2018年時点）

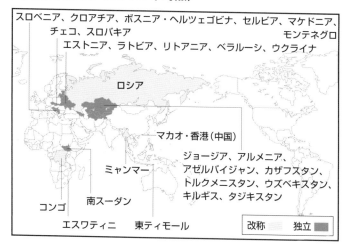

地理01 人口の多い国家ベスト5

中国、インド、ソビエト連邦、アメリカ、インドネシア
▼▼▼
中国、インド、アメリカ、インドネシア、ブラジル

1970年代の人口は約40億人だった

　1973年の統計資料から人口の多い国家を見てみると、世界一人口の多い国は中国で7億3000万人。2位以降は、インドの約5億2000万人、ソビエト連邦（ソ連）の約2億4000万人、アメリカの約2億人、インドネシアの約1億1000万人と続く。そして日本は約1億で7位だった。

　なお、このころ世界の人口は約40億人である。

　それが2017年の統計ではどうなっているか、中国は約14億人、インドは約13億人、アメリカは約3億2000万人、インドネシアは約2億6000万人、ブラジルは約2億人。ここまでがベスト5の国家だ。日本はというと、世界10位の約1億2700万人となっている。

　なかでも、中国とインドがそれぞれ2倍近くも人口が激増しているのが目につく。よって、旧教科書にくらべて最新教科書では中国やインドの産業の発展が大きく扱われるようになってきた。ソ連は解体され、ロシア周辺の共和国が独立したためにベスト5から外れた。

　日本はゆるやかに増えていったものの、それ以上に、ほかの国ぐにが大きく増えている。

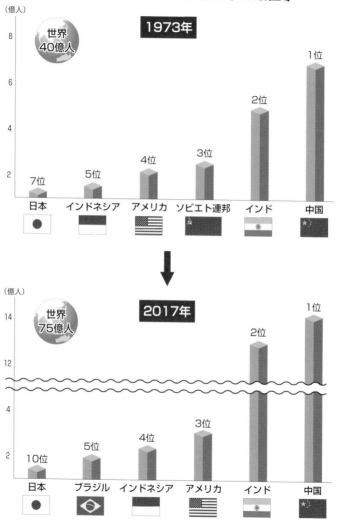

人口が天井を打った日本や人口の伸びが鈍化傾向にある先進国にくらべて、新興国の人口が大きく伸びている。

世界一人口を抱える中国の苦悩

 2018年時点の世界人口は約70億人といわれている。人口減少の日本と違い、世界的には人口が増える傾向にある。国際連合の統計によると、2024年にはインドが中国を抜いて、人口世界一になると考えられている。

 それでは、長年、世界一の人口を誇った中国ははなぜ世界一でなくなると予測されているのだろうか。

 中国は経済成長が続くが、都市部の若者は、子育てにかかる経済的負担を避ける傾向があり、出生率は下がり始めている。加えて、いわゆる「一人っ子政策」に代表される産児制限の撤廃に動き出しているとはいえ、40年近く続けたこの政策によって、高齢化や労働人口の減少、男女比不均衡などさまざまな問題が生まれている。

インドと中国周辺に人口が集中する理由

 だが、人口増加が著しいのはインドと中国だけではない。

 インドと中国周辺、インドネシアやベトナム、フィリピンなど、東南アジアにも人口の多い国がひしめきあう。この地域だけで世界人口の55%を占めるという。

 熱帯モンスーン気候によって、夏に雨が多く降り、日照時間も長いこの地域では作物がよく実るのがその理由だ。つまり、多数の人口を養えるだけの収穫があり、土地の人口支持力※が高い。また、戦後に独立し、経済成長を果たすなど、国が豊かになったためでもある。

 最新教科書では、〝多様性と変化〟をこの地域で第一の特色としている。

世界の人びとの紹介

人種に関する専門用語が登場する
↓↓↓
人種に関する解説がなくなっている

世界の人種を学習していた

世界の人びとについて、旧教科書では総合的に学習する単元があり、その中に、人種についての項目もあった。皮膚の色や頭、鼻の形、髪の毛、目の色、身長などによりアジア人種やアフリカ人種、マライ人種、アメリカ人種、ヨーロッパ人種などに分類し、主な居住地域を学習していた。

ヨーロッパ人種には、ゲルマンやラテン、スラヴとともに、セム族、ハム族、インド人などがあてられた。

アフリカ人種とは黒人のこととされ、ニグロ人種、ネグロ人種(現在では差別的表現)と記述している教科書もあった。このような項目は、最新教科書には掲載されていない。

イスラーム教などについても学ぶ

最新教科書では、科学的妥当性のうすい人種の分類の代わりに、言語や文化、宗教など、民族の違いに重点を置いている。

たとえば、日本国内にも多様な民族が暮らし、在日韓国・朝鮮人や中国人などの海外から来た人たちだけでなく、アイヌの人たちがいることも記述されている。このような内容は旧教科書には記載されていない。

03 すでに存在しない国家

ソ連、南北ベトナム、チェコスロバキア
⬇ ⬇ ⬇
解体、統一、分裂

首都が陥落し戦争に負け、消滅

　消滅した国として特筆すべきはベトナム共和国だろう。

　かつてはフランスの植民地支配を受けていたベトナムだが、第二次世界大戦後、ホー・チ・ミン率いるベトナム民主共和国（北ベトナム）と、フランスが成立させた傀儡政権のベトナム国（南ベトナム）の、ふたつの国家に北緯17度線を境として分裂する。

　その後、ベトナム国は元首のバオ・ダイが追放され、1955年にベトナム共和国（南ベトナム）が成立した。

　1960年に勃発したベトナム戦争はアメリカの介入で泥沼化したが、1975年、首都のサイゴンが陥落し、ベトナム共和国は消滅した。また翌年に南北統一のベトナム社会主義共和国が成立したことで、ベトナム民主共和国は発展的に解消された。

《 南北ベトナム 》

国土が南北に細長いため、旧南ベトナムから首都ハノイは遠い。

方向性の違いで離婚、消滅

　戦争や混乱を経ず、平和的に消滅した国も存在する。チェコスロバキアだ。

　1989年以降、東欧革命の流れの中で、チェコスロバキアでも共産党の一党独裁政権が終わると、チェコ人とスロバキア人の考え方の違いがあらわになり、連邦制を解消することになった。

　1993年、チェコ共和国とスロバキア共和国のふたつの国に平和的に分裂したため、なめらかな布地にたとえて「ビロード離婚」などともいわれていた。

《チェコスロバキア》

チェコ人とスロバキア人、それぞれの国家ができた。

一党独裁の国家が解散されて消滅

　旧地図帳の世界地図で、ひときわ目をひく国はなんといっても、ソビエト社会主義共和国連邦（ソ連）だろう。

　1991年8月、ソ連においてペレストロイカ※に反対する保守派が、クーデターを起こす。クーデターは鎮圧されたものの、ソビエト共産党の組織はすでにボロボロであった。同年12月、ゴルバチョフ大統領は共産党の解散を発表。ソ連は崩壊した。

なお、ソ連は厳密にいうと、ひとつの国の名称ではない。ソビエト型の社会を目指す国ぐにの集まり（連邦）という意味で、特定の地域を指しているわけではない。「ソビエト」という名称もロシア革命の際につくられた労働者、農民、兵士の評議会のことだ。

　ソ連の中にベラルーシやウクライナなど15の共和国がそれぞれ「ソビエト」を名乗っていたが、ソ連崩壊にともない、ソビエトの看板をおろし、国家として独立した。

　旧教科書ではソ連は大きく扱われていたが、最新教科書ではロシアの扱いはそれほど大きくはない。

《 ソ連解体により生まれた国家 》

解体当初もＣＩＳ（独立国家共同体）として大部分の国ぐにとロシアは協力関係にあったが、西欧諸国に歩み寄り、ＣＩＳを離脱する国家が増えつつある。

地理 04 新たに生まれた国家

欧米諸国からの独立
↓ ↓ ↓
一地域の分離・独立

独立によってエチオピアは内陸国に

20世紀、第二次世界大戦が終わると、植民地として支配されていたアジア、アフリカ地域では独立が相次ぐ。とくに1960年は、アフリカで17もの国が独立したため、「アフリカの年」といわれるほどである。

そんな独立ラッシュから数十年後のアフリカで、ひとつの国家が生まれる。1991年に、エチオピアから独立したエリトリアだ。

このエリトリアはエチオピアの海岸部分を占める地域であったため、エリトリアの独立によってエチオピアは内陸国となってしまった。

21世紀初めての独立国家

新しい国家は、21世紀に入っても誕生している。21世紀になって最初に独立した国が、東ティモールだ。

もともとポルトガルの植民地だったが、オランダから独立したインドネシアが、1975年に現在の東ティモールに侵攻して併合した。だが、長年の独立運動が実り、2002年に独立した。

自治権を拡大するクック諸島

　国際連合には加盟していないものの、日本をはじめ多くの国から独立国として認められている国もある。代表的なのが、クック諸島という国だ。

　かつて、クック諸島はニュージーランドと自由連合制をとっており外交と軍事はニュージランドに委任しつつ行政は自治を行なっていた。しかし、２００１年ごろよりは、独自に外交を行うようになる。そのため最近の地図帳ではニュージーランドの属領を示す［ニュー］の表記がない。

《１９９０年以降に独立を果たした主な国家》

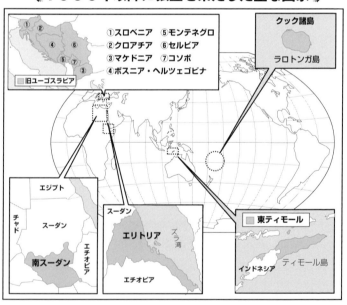

１９９０年代から２０００年代にかけては解体した旧ユーゴスラビアには、７か国（コソボを含む）が存在する。

地理 05 世界の独立国家の数

国連加盟国数は１９４５年の発足時で51か国

２０１８年時点では１９０か国に増加

定義で国家の数は異なる

世界の国の数は「１９０か国あまり」とあいまいに書いている最新教科書が多く、数を断定はしていない。断定するとしても、条件を細かく提示している。これは、定義の仕方や立場によって、国の数が変わってしまうためだ。

世界の国の数を考えるうえで、ひとつの目安になるのは国際連合（国連）に加盟している国の数だ。国連発足当時の１９４５年は、51か国だったが、その後アジア・アフリカ地域の国家の独立が続き、60年には99、80年には１５４、92年には１７９、２０１１年には１９３か国と増えている。

だが、国連加盟国すべてが国家なのか、というと、微妙なところだ。国連加盟国だけれど、日本は国として認めてない北朝鮮のような国もあるからだ。

日本は北朝鮮を国家とみなしてない!?

一般的には、国民、国土、主権の３つに加え、外交能力がある地域を国と認めると、１９３４年に成立したモンテビデオ条約※は定めている。

この条約の定義によれば、台湾やパレスチナ、北朝鮮と

いった地域も国といえる。しかし、日本はこれらを国家としては承認していない。

ところが、北朝鮮に関していえば、国家承認していないのは、日本や韓国、アメリカ、フランスなど20数か国ほどで、世界的には北朝鮮と外交関係のある国のほうが、じつは多い。

日本が国家承認していない国

地図帳では、北朝鮮の国名はほかの独立国と同じく、赤い太字の文字で書かれている。これは、北朝鮮が国家として国連に加盟しているためだ。一方、台湾とパレスチナは黒い文字で小さく書かれている。

パレスチナは136か国から承認されており、国連非加盟ではあるものの、オブザーバー国家として国連総会などへの出席や発言が認められている。なお、国連オブザーバーである国家は、パレスチナと、ヴァチカン市国の2か国しかない。

かつて台湾(中華民国)は国連常任理事国として大きな力をもっていた。だが、1971年、中華人民共和国(中国)が中国大陸を実効支配する国家として認められたことで、台湾は国連を脱退。それ以降は、中国が代わってその役割を果たすようになった。

2018年現在、台湾は17か国が国家承認しているが、国連への復帰は実現できていない。

このように、国の数は時代によっても解釈によっても、定義の仕方により変わってしまうのだ。

《 国連加盟国と非加盟国 》

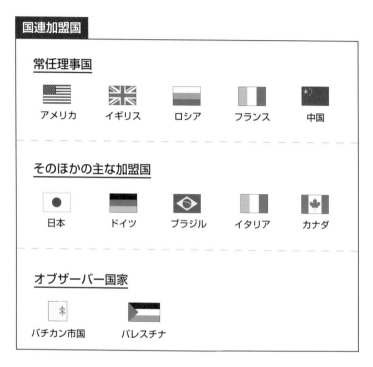

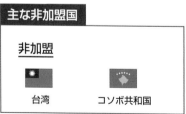

常任理事国や非常任理事国、そのほかの国家や国連に加盟する国ぐにには、大きな権限を有していたり、国際的に微妙な立場にあったりとさまざまだ。

地理 06 名称が変わった国家

ビルマ、ザイール、スワジランド
⬇ ⬇ ⬇
ミャンマー、コンゴ、エスワティエ

同じ国名なのに同じじゃない？

各種手続きをはじめ、さまざまなハードルがあるため、それ相応の理由がなければ、国名が変更されることはない。

ミャンマーは以前、ビルマと呼ばれていた。ビルマ語には文語（書き言葉）と口語（しゃべり言葉）の区別があり、文語では「ミャンマー」、口語では「バマー（ビルマ）」が昔から使われてきた。今でもミャンマー人同士の会話では「バマー」が使われる。したがって、両者の言葉に意味の違いはない。

しかし1989年、前年にクーデターで政権を握った軍部が国名をミャンマーへと変更することを宣言する。日本などはミャンマーと呼称するようになった一方で、軍事政権に批判的なアメリカやイギリスなどはビルマを使い続けている。

最新教科書の表記は、もちろんミャンマーである。

国によってはビルマと呼び使い続けている。

独裁者が名づけた名称を廃止した

アフリカ大陸中部に位置する「コンゴ民主共和国」は、1997年まで「ザイール」という国名だった。

1960年、ベルギーから独立した当時、国名はコンゴ共和国で、フランスから独立した隣国のコンゴ共和国と正式名称がまったく同じであった。その後、隣国のコンゴ共和国と区別するため、「コンゴ民主共和国」と改称する。そしてクーデターにより政権を握ったモブツ大統領が、1971年に国名を「ザイール共和国」に改称した。

だが、独裁政治を行っていたモブツ大統領が1997年に失脚し、国名はコンゴ民主共和国へともどされた。

《コンゴ民主共和国》

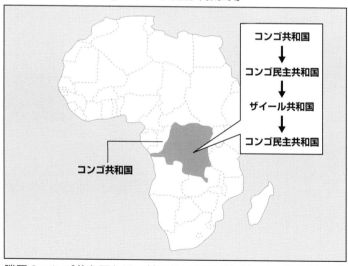

隣国のコンゴ共和国とは、植民地時代以前にはコンゴ王国というひとつの国家だったため、両国とも「コンゴ」を使い続けている。

現地語の読みに国名を変更

アフリカにはほかにも国名を変えた国家がある。南アフリカとモザンビークに囲まれたスワジランドだ。この国は1968年にイギリスから独立しても、地域の英語読みである「スワジランド」を国名としていた。

ところが、2018年、独立50周年の記念式典において国王が、現地の言葉で「スワジ人の場所」を意味する「エスワティニ」へと国名を変更することを宣言した。この変更は、事前に国民は知らされていなかったといい、王制ならではのサプライズともいえる。

《エスワティニ》

スワジランドという国名は、イギリスの植民地時代に名づけられたものであり、少なからず反感を抱く国民がいたとされる。

地理 07 何かが変わった首都

ニューデリー、ヤンゴン、マニラ
↓ ↓ ↓
デリー、ネーピードー、マニラ

インドの首都はニューデリー？ デリー？

旧教科書ではインドの首都を「ニューデリー」としていたが、最新教科書では「デリー」と表記している教科書が多い。これはいったいなぜだろうか。

そもそもデリーはムガル帝国*の首都として栄えていた過去をもつ。その後、イギリス植民地時代のインドの首都はカルカッタ（現在のコルカタ）になったが、地理的に東に寄りすぎていたため、1911年にデリーへの首都移転が決定。イギリスはデリー郊外に政庁を建設し、この一帯がニューデリーと呼ばれるようになる。そして、独立したインドはニューデリーを首都とした。

ニューデリーは、デリー直轄市内の一地区だったが、首都機能が集中していたため、ニューデリーと表記する地図が多かったのである。

《 新旧デリー 》
中央地区（オールドデリー）
ニューデリー地区

高層ビル群が立ち並ぶ区域と、歴史ある建物がひしめく区域がとなり合う。

遷都は占いの結果!?

２００６年、ミャンマーの軍事政権が首都を「ヤンゴン」から内陸の「ネーピードー」に移転すると発表した。

移転の理由は明らかにされていないが、①軍事攻撃を受けた場合に防衛しやすいため、②サイクロンなどの災害を受けにくくするため、③市民運動や革命勢力から距離を置くため、④軍政トップが占星術で決めた……など、さまざまな憶測が飛び交った。

首都ネーピードーは、ジャングルを切り開いて急造された。ただし、２０１８年時点で、日本大使館をはじめとする、ミャンマーと国交を結ぶ46か国の大使館はヤンゴンから移転していない。

〈 ミャンマーの首都 〉

議会や各政庁は新都ネーピードーに移転し、旧都ヤンゴンは経済の中心地となっている。

移転されたが結局はもとにもどった？

　首都の移転の例は少なくないが、それとくらべれば首都がもどった例は少ない。フィリピンの首都マニラは、その一例だ。

　フィリピンの首都マニラはスペイン統治時代から首都であったが、アメリカ統治下でマニラが手狭になったことから、1939年、首都機能をマニラ郊外のディリマンに建設する方針を決定。当時のケソン大統領の名をとって「ケソン」と名づけられ、1949年に首都と定められた。

　しかし、都市が急拡大。マニラとケソンはひと続きになってしまったため、1976年、首都はふたたびマニラにもどされ、ケソンはマニラ首都圏の一都市となった。

《 フィリピンの首都 》

首都になったものの、ケソンへの各政庁の移転ははかどらないまま、マニラに首都がもどった。

地理 08 名称が変わった大都市

サイゴン、レニングラード
⬇ ⬇ ⬇
ホーチミン、サンクトペテルブルグ

旧都市名が都市のあちこちに

　ベトナム南部の大都市ホー・チ・ミンは、かつてサイゴンと呼ばれ、旧ベトナム共和国(南ベトナム)の首都であった。しかし、ベトナム戦争が勃発し、サイゴンは1975年4月30日に陥落(事実上のベトナム戦争終結)。翌5月1日にはベトナム解放運動を指導したホー・チ・ミンにちなんで、ホー・チ・ミンへと改称され、さらに首都機能は、現在のベトナム社会主義共和国の首都であるハノイへと統合された。

　地図上での表記は、すべてホー・チ・ミン、またはホーチミンで統一されているが、市内の中心駅は現在でもサイゴン駅であり、タンソンニャット国際空港の空港コードはSGNで、やはりサイゴンに由来する。

《 旧都の名残 》

今もサイゴンという名称を使う市民もいるという。

約300年前の都市名が復活

　ロシアがまだ帝国だった18世紀初頭、時のピョートル大帝はヨーロッパとの外交や交易を重視し、ロシアの西端、フィンランド湾に面した地に新しい都市を建設。首都機能がモスクワから移された。この都市をピョートル大帝は「サンクトペテルブルグ」と名づけた。

　それから時代を経て、第一次世界大戦でドイツと交戦状態になった際、ドイツ語風のブルグ（ドイツ語で山、都市という意味をもつ接尾辞）は避けられ、ロシア語風の「ペトログラード」と改名される。

　さらに、1917年のロシア革命をきっかけとしてソビエト連邦（ソ連）が成立すると、革命の指導者レーニンにちなんで「レニングラード」と名称を変える。その際、国境からより遠いモスクワへと首都機能がふたたび移されたことから首都としての役割を終えた。

　ソ連崩壊後の1991年、市民へのアンケートの結果、旧名のサンクトペテルブルグにもどった。

《 西欧に接する旧首都 》

ロシア第2位の人口を抱え、帝国時代の面影を残す建物が立つ。

09 姿を変えた国際組織

> わずか6か国の共同体からスタート
> ⬇ ⬇ ⬇
> 一大経済圏を構築する28か国

進んだ西欧の自由化と共通化

現在、ヨーロッパのEU（欧州連合）圏内では、基本的に共通の通貨ユーロを導入し（導入しない国もある）、シェンゲン協定*を結んだ国同士を自由に行き来できる。

そのほかにも、域内関税の撤廃と対外関税の共通化、大学資格の共通化、域内銀行貯金の自由化など、社会、経済においては、ほぼひとつの共同体として機能している。

しかし、このような体制になったのは20世紀末からだ。旧教科書にはEUの前身となったECC（ヨーロッパ経済協力体）やEC（ヨーロッパ共同体）が登場している。ECCは1958年、ECSC（欧州石炭鉄鋼共同体）の加盟国、ベルギー、フランス、西ドイツ、ルクセンブルグ、オランダ、イタリアの6か国がもととなり発足した。

なお、2018年時点のEU加盟国は28か国にのぼる。

いくつもの難題を抱えるEU

しかし、いくつもの国の通貨や決まりを問題なくまとめるのは、なかなか難しい。たとえば、ユーロ通貨を使用しているどこか1か国が経済危機に陥ると、ほかの国もその影響を受ける。難民の受け入れをどの国がどの程度行った

りするかなど、統合によるしくみの不具合やデメリットも問題になってきている。

２０１６年には、イギリスが国民投票で、ＥＵ離脱を決めるなど、欧州統合の理想は難しい局面を迎えている。

最新教科書も、ＥＵの未来をバラ色に描くだけでなく、移動する人びとと格差の問題などを取りあげている。

《 西欧に広がるＥＵ加盟国 》

発足当初、加盟国は西欧諸国だけだったが、東欧や北欧にまでＥＵ加盟国は広がっている。

地理10 いつの間にか消えたあの組織

人民公社、コルホーズ・ソフホーズ

記載なし

農民の意欲が向上せず解体

人民公社とは、中国において郷単位で設立された農民組織で、1958年からつくられていった。農業だけでなく、行政の役割も担い、工業や商業、教育、文化、軍事の機能も兼ね備えていた。旧教科書では大きく扱われている。

しかし、農業の大規模集団化をすすめ、農村の伝統や文化を否定したことで農民が意欲を喪失。発足から数年で農業生産の停滞を招き、成果は見込めなくなった。そして、ほとんどの人民公社は1983年ごろまでには解体された。

ソ連解体とともに解散

中国と同じ社会主義国として、旧教科書のソビエト連邦の単元では、コルホーズ、ソフホーズが登場する。

ソフホーズは、土地、農具などすべて国が所有し、運営、管理する「国営農場」である。農民は公務員として給与をもらう。貴族や教会から没収した土地を国家財産として設立した。もう一方のコルホーズは「集団農場」と訳される。農民が生産手段を共有し、収穫や収益を分配するための組織だ。

なお、両組織ともソ連解体にともない姿を消していった。

地理11 移り変わる新興国

通貨危機や返還で過去のものに

1970年代、急速に工業化を推し進め、非常に高い経済成長率を達成した国と地域は「NIES」(新興工業経済地域)と呼ばれた。その中でも韓国、台湾、香港、シンガポールは「アジアの四小龍」などともいわれた。1980年代には年7%もの経済成長率を達成するなど、その目覚ましい発展は旧教科書に記されている。

しかし、1997年にアジア通貨危機がこれらの国ぐにを襲った。とくに、韓国は深刻なダメージを受け、IMF※(国際通貨基金)の管理下に入った。ほかのアジアの〝小龍〟も大なり小なり影響を受け、成長は鈍化。さらに、1997年に香港は中国へ返還されるなどして、NIESは教科書から姿を消した。

《NIESとアジアの四小龍》

NIES	アジアの四小龍
韓国	韓国
台湾	台湾
香港	香港
シンガポール	シンガポール
ブラジル	
メキシコ	

NIESではなくなったが、高い経済水準を有している。

NIESに変わる新興国の登場

21世紀に入り、経済成長が著しい新興国をまとめた呼称として、「BRICs」が最新教科書に登場するようになる。

BRICsの「B」はブラジル、「R」はロシア、「I」はインド、「C」は中国、そして「s」は南アフリカ。それぞれの国名の頭文字からとられている。

2003年にアメリカの大手投資銀行ゴールドマン・サックスが、その成長性の高さを論じたレポートの中で使い始めたのが最初で、それ以降注目されるようになった。

BRICsはほかの新興国と何が違うのか。それは、経済成長の潜在能力だ。

BRICs5か国の人口を合計すると、世界全体の4割、面積は約3割にも及び、いずれも豊富な人材、豊かな資源を抱えている。大国であるにもかかわらず、政治的な要因から経済成長が遅れていた国ぐにだ。

今後は、これらの国ぐにが世界経済に大きな存在感を示していくと考えられているが、世界情勢によって国の経済に影響を受ければ、BRICsの中でも明暗が分かれていくかもしれない。

これら新興国では、極度の経済格差が問題になっている。

《台頭してきた BRICs》

地理 12 アメリカの主産業の変化

第二次産業が占める割合が最大

⬇ ⬇ ⬇

第三次産業が占める割合が最大に

世界をリードしたアメリカの重工業

アメリカの経済は、第二次世界大戦前後から第一次産業（農業）と第二次産業（製造業）を中心として支えられてきたとされる。

これを裏づけるように旧教科書では、アメリカを代表する産業を紹介するにあたって、シカゴは鉄鋼業と農業機械、デトロイトは自動車製造で世界一の地位を占め、ピッツバーグは世界を代表する鉄鋼業都市として登場する。

さらに、アメリカの工業地帯は北東部、ニューイングランド地方から、大西洋沿岸、五大湖沿岸地域に集中していることにもふれられている。

重工業の衰退と新産業の台頭

それでは最新教科書ではどうだろうか。

アメリカの鉄鋼業や自動車産業などといった重工業は、20世紀なかばから停滞し始める。1970年代から80年代にかけては、海外から輸入される安くて品質のよい製品に押され、大きな打撃を受けて衰退。かつて重工業で活気に満ちていた地域は、「ラストベルト」と呼ばれるまでになってしまう。

だが、アメリカでは研究開発や技術の蓄積が大きく、1980年代〜2000年代にかけて、新しい分野の産業が大きく伸長していった。
　とくに、北緯37度線付近から南にかけての温暖な気候の一帯で、電子機器、航空機産業、コンピュータやインターネットに関わる情報産業などが発達し、「サンベルト」と呼ばれていることが、最新教科書で記述されている。
　サンベルトを代表する都市としては、サンフランシスコ南部に位置するハイテク産業の集積地であるシリコンバレーが登場する。

〈 産業に関するふたつのベルト 〉

ラストベルトを訳すと「さびついた工業地帯」であり、産業が育っているサンベルトとは対極にあるといってよい。

13 世界1位と2位の川の現在

> ナイル川とアマゾン川の差は約400km
>
> ⬇ ⬇ ⬇
>
> ナイル川とアマゾン川の差が縮まる

微妙に伸びたナイル川、大幅に伸びたアマゾン川

旧地図帳（1973年）では、ナイル川の長さは約6690km、アマゾン川の長さは約6300kmとなっている。数値までは覚えていなくとも、世界一長い川はナイル川、2番目はアマゾン川と記憶している人は多いだろう。

では、最新の地図帳でナイル川とアマゾン川の長さはどうなっているかというと、ナイル川は6695km、アマゾン川は6516kmとなっている。ナイル川は5km、アマゾン川にいたっては200km以上もその長さが伸びているのだ。

《両河川の長さをたとえると》

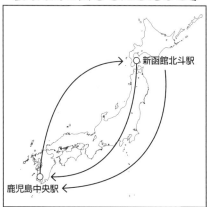

両駅間を3度行き来する距離で、やっとナイル川とアマゾン川の長さほどになる。

源流がよくわかっていないナイル川

ナイル川といえば、その河口に近いエジプトを流れているイメージが強いだろう。ところが、上流にさかのぼっていくと、スーダンや南スーダン、ウガンダなど、東アフリカの10か国をまたぐとされる国際河川であることがわかる。そして南端には、ビクトリア湖という巨大な湖が存在する。一般的にはこの湖が源流といわれている。

しかし、湖に注ぎ込むカゲラ川をはじめとする河川が発見されるなど、源流に関してはいまだによくわかっていない。さらに、周辺は政情不安定な国が多く、詳細な調査が行われていないため、長さが注釈付きで示されている。

《世界一長いナイル川》

<長さ>
6695km
<流域面積>
287万km²

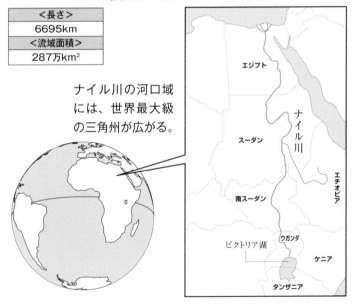

ナイル川の河口域には、世界最大級の三角州が広がる。

アマゾン川のほうが長い可能性も

　じつはアマゾン川の長さに関してはさまざまな説があり、場合によってはナイル川よりも長いのではないか、ともいわれている。

　最近の地図帳でよく採用されている長さは、タイムズ世界地図帳などのデータがもとだとされるが、ブラジル国立宇宙研究所の発表した説では、アマゾン川の長さは６９９２kmだという見方もある。

　いずれにせよ、アマゾン川は世界最大の流域面積をもち、流路がとても複雑で支流の数も多いため、その全貌はいまだによくわかっていないのだ。

《 流域面積世界一のアマゾン川 》

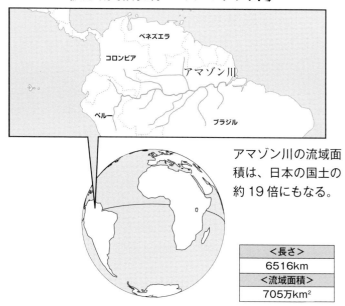

アマゾン川の流域面積は、日本の国土の約19倍にもなる。

<長さ>
6516km
<流域面積>
705万km²

地理14 山の標高が変わった!?

> 1位富士山、2位北岳、3位間ノ岳、4位奥穂高岳
> ↓　↓　↓
> 1位富士山、2位北岳、3位奥穂高岳・間ノ岳

最新技術を使った測量の結果

2014年、日本全国の1003の山が測量され、そのうち87の山の標高が国土地理院により改定された。

そのほとんどが数cmから数十cm程度の変化ではあった。しかし、標高はメートル単位で表記される（小数点以下四捨五入）ため、48の山は1m高くなり、39の山は1m低くなったのである。富士山をはじめ、そのほかの多くの山の標高は変化しなかった。

そうしたなか、それまで標高が全国4位だった間ノ岳（山梨県・静岡県）が表記上で1m高くなったことで、奥穂高岳（長野県・岐阜県）と並んで3位となった。

標高が改定されたのは、明治時代から長く使われてきた三角測量ではなく、GNSS（全球測位衛星システム）※での測量によって、より正確な数値が算出できるようになったからだ。

なお、同じ2014年の測量によって、それまで日本一低い山とされてきた天保山（大阪府）は4.53mで2位となり、かわって日和山（宮城県）が3.0mで1位となっている。

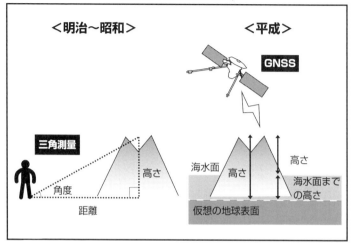

昭和までは人間が三角測量を用いて山の標高を計測していた。平成に入ってからは、人工衛星を駆使して計測している。

エベレスト山の標高が変わる⁉

　それでは世界の山はどうだろうか。世界一の山はいわずと知れたヒマラヤ山脈（ブータン、中国、インド、ネパール、パキスタン）に位置する「エベレスト山」（別名チョモランマ）であり、標高８８４８ｍと最新教科書では記述されている。この標高は旧教科書から変わっていない。

　この標高は１９５４年時に測量された際のものであり、それ以降にさまざまなグループが測量した数値と異なっている。そのため、長年にわたって論争の的になっている。

　２０１７年、ネパール当局が測量を行うと発表。この結果しだいで、世界一高い山の標高が変わるかもしれない。

地理 15 地図上から消えつつある湖

世界第4位の広さのアラル海

大アラル海や小アラル海など

琵琶湖100個分の湖が30年でほぼ消滅

1970年代後半、日本最大の琵琶湖では赤潮などの水質汚染が深刻な問題になっていた。しかし、世界を見渡すと存在そのものが危ぶまれる巨大な湖がある。

最新の地図帳をみると、世界最大の湖であるカスピ海の東側に小さな湖が点在しており、大アラル海や小アラル海といった名称が書いてある。じつは、これらの湖はもともと「アラル海」というひとつの湖であり、30年ほど前までは世界第4位の広さを誇っていたことが、旧地図帳からわかる。

アラル海は、1960年代までは表面積が68900㎢あり、広さ670㎢の琵琶湖102個分ほどの広さがあった。それが2010年にはその15%ほどの10500㎢までに縮小してしまう。縮小は現在も進んでおり、大アラル海はそう遠くない未来に、完全に干上がってしまうのではないかと危惧されている。

ソ連時代の乱開発の結果

アラル海の縮小は、20世紀中ごろから始まった。旧ソビエト連邦が湖に流れ込む2本の河川から、綿花や水稲栽

培用の灌漑用水を大量に取水し、大規模な農地開発を行ったことがきっかけだ。

注ぎ込む水量が減ったため、縮小と同時に塩分濃度の濃縮まで始まり、大アラル海は水生生物が住めない環境になってしまった。かつては漁業が盛んで湖岸にはいくつもの漁村が存在していたが、今では干上がった湖底に、古びだ漁船が放置してあるといったありさまだ。

《アラル海の位置》

カザフスタンとウズベキスタンにまたがるように広がっていた水上の国境も、今は陸地になっている。

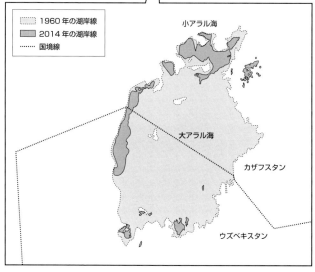

アラル海復活の取り組みも

　干上がった湖底からは、塩分を大量に含む砂塵が吹き上げられ、周辺住民への健康被害も甚大なものがある。そのため、環境の回復を促す取り組みが、近年ようやく本格化し始めた。

　２０１８年現在、カザフスタン政府は、小アラル海と大アラル海の間に、小アラル海を保全するための堤防を建設し、水位を上げることに成功。わずかながら湖の面積も広がった。

　完全にもとの大きさにもどすのは困難とはいえ、取り組みが続けば、かつての巨大湖としての姿の一端を、ふたたび見られる日がくるかもしれない。

放棄された船。かつて巨大な湖だったことを物語っている。

地理 16 両極の重要度が低下した？

各国が領有を主張した南極
↓ ↓ ↓
単元としては紹介されていない

領有問題の決着とその後

旧教科書には「両極の開発」や「注目されてきた極地方」などといった内容で、北極と南極に関して学習する単元が存在した。とくに、大陸である南極について多く記述されていた。

もともと南極大陸は、国際的に争われていた地だった。第二次世界大戦終結後から、観測基地を置く各国がそれぞれの地域の領有を強く主張していたのである。そんな状況に転機が訪れたのは、1959年のことだ。アメリカの呼びかけで、領有を主張していた国ぐにの間で「南極条約」が締結されたのだ。これ以降、学術調査や平和目的にのみ、南極は利用されるようになったのである。

ところが、最新教科書に北極と南極の単元は存在していない。これは、2002年の学習指導要領の改訂をきっかけに、3か国・3都道府県の学習のみを行い、そこで学んだ調べ方を応用してほかの国ぐに・都道府県を学ぶよう定められた影響で削られたのだ。

その後の学習指導要領の改訂によって、ふたたび日本や世界地理を学習する単元が復活したものの、両極については以前ほどくわしく記述されなくなっている。

気象観測に適した南極

　最新教科書において、単元としての両極の扱いはなくなったものの、コラム扱いで北極と南極の現状をくわしく紹介する教科書もある。

　日本の4つの観測基地が置かれている南極大陸では、気象観測が盛んだ。人体に有害なオゾンホール発生の原因であるオゾンの量の観測や、地球温暖化の主因である二酸化炭素濃度などの観測に、ほぼ手つかずの環境が残っている南極が適しているからである。

　世界各国は南極の名所に観測基地を置き、南極を共同で活用している。

《 南極大陸にある日本の観測基地 》

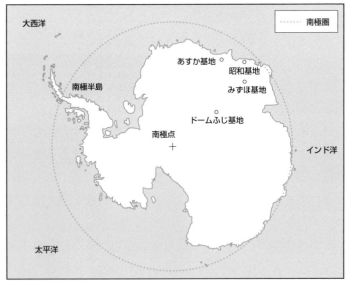

南極大陸の大きさは、日本の国土の36倍にもなる。

北極上空は航空機のルート

　北極は陸地がなく、海には年中氷がはりつめていることなどが紹介され、北回りルートで運航する航空機の重要な航路であることが旧教科書では述べられていた。アジアと北米、欧州を結ぶルートは、かつての航空機の性能では航続距離が足りなかったため、アンカレッジ経由の便が多かったのである。

　最新教科書では、イヌイット（旧教科書では「エスキモー」）など、北極圏地域での人びとの暮らしは、「雪と氷の地域での人びとのくらし」などの単元で学習する。

《アメリカとアジアをつなぐ主な航路》

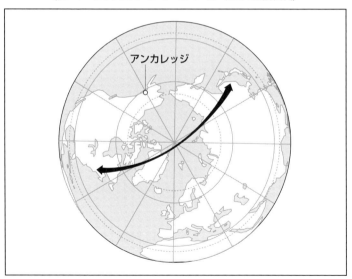

航続距離が伸びた現在はアンカレッジを経由せず、北極上空を通り、主にアメリカの東海岸とアジアをつなぐ便がある。

地理17 日本の領土をどう学ぶ？

日本の周辺国との領土についてあまりふれていない

日本の領土についてしっかり学習する

領土についての記述が増えた

現在とは違って、旧教科書では日本の領土についてそれほど大きく扱っていなかった。ソビエト連邦との間における北方領土についてくらいであった。

しかし、最新教科書では、領土の定義から領海の範囲、さらに、北方領土、竹島、尖閣諸島それぞれについて、細かく学習することになっており、記述量も旧教科書にくらべると段違いに増えている。

このことは地理分野だけに留まらない。歴史分野と公民分野の最新教科書でも、近代史や国際関係の視点から、領土についてくわしく記述されている。

周辺諸国でも激化する領土問題

東アジアや東南アジアでは、領海や領土をめぐる問題が激化している。身近な例でいえば、南シナ海におけるスプラトリー諸島などの中国の領有権主張は、シーレーン※の確保ともからんで、日本も無関心ではいられない。

領土問題がこのように浮き彫りになったのは、1994年に発効された国連海洋法条約※で、排他的経済水域が明文化された影響もある。

日本政府の公式見解を載せている

最新教科書では、北方領土、竹島、尖閣諸島それぞれの現状が紹介されている。

北方領土については、第二次世界大戦後にソ連が不法に占拠したまま返還されていないこと、竹島は1952年から韓国が自国の領土と主張し、現在も占拠していること、尖閣諸島は、1970年代に地下資源の存在が噂され始めたころから中国が領有権を主張し始めたことなど、日本政府の見解をもとに、日本の領土についてを学習することになっている。

《 日本の領海・排他的経済水域 》

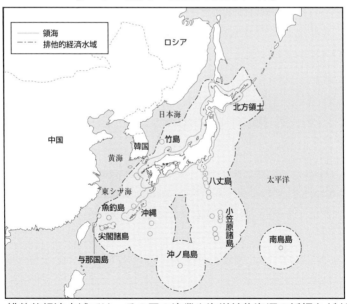

排他的経済水域では、その国の漁業や海洋鉱物資源の採掘などが認められているため、他国が干渉してくる場合が多い。

地理 18 諸島と群島を使い分け？

> 諸島と群島の表記に規定はない
> ↓ ↓ ↓
> 歯舞群島・奄美群島は群島で確定する

諸島、群島に意味の違いはない

最新教科書や地図帳を見ると、「○○諸島」として習ったのに、「○○群島」と表記されている場所があるはずである。たとえば、歯舞(はぼまい)群島と奄美(あまみ)群島がそうだ。

島が連なっている「列島」と、島が点在する「諸島」であれば、ニュアンスの違いはわかりやすい。だが、「諸島」と「群島」には日本語としての意味の違いはないといってよい。

地理学上でも、諸島と群島について意味が定義されているわけでもなく、使い分けの法則などもない。昔から群島と呼ばれていれば群島、諸島と呼ばれていれば諸島、というふうに使い分けされているのみである。

地元の呼び方に寄せて変更された

では、なぜ呼び方が変わったのか。

明治時代になって近代国家の仲間入りを果たした日本は、周辺諸外国と国境の画定などを行う際、島の集まりや、まとまりを総称する呼称が必要になった。そこで、諸島や群島といった用語が使われ始める。

しかし、厳密な意味の違いが定義されないまま、個別に

名づけられていった。ところが戦後の教科書と地図帳では、諸島で表記を統一される一方で、地元住民の間では群島が使われ続ける地域もあった。

　そこで、国土地理院や海上保安庁の代表者などでつくる「地名等の統一に関する連絡協議会」が発足。地元の要望を受ける形で、2008年に歯舞群島、2010年に奄美群島と、表記を統一することを決めた。

　こうして、教科書にも群島と反映されるようになったのである。

　もちろん、すべての諸島が群島という呼称になったわけではなく、多くは諸島という呼称のままである。

《 歯舞群島と奄美群島 》

日本の北方と南方に、それぞれ群島表記の地域ができた。

地理 19 定義が広がった大陸棚

大陸棚の定義は水深約200mまで
⬇ ⬇ ⬇
資源開発を可能にする限度までが大陸棚

豊富な海洋資源を秘めている

　私たちが住む地上には、谷や山脈などのさまざまな地形が存在しているが、じつは海底にも海溝や大陸棚といった地形が存在する。とくに大陸棚は、魚類が多く生息しておりよい漁場であるとともに、石炭や石炭などが埋蔵していることもあって海底開発も活発である。そのため、各国は重要な場所として位置づけている。

　旧教科書では、さまざまな地形や自然のありさまを学習する単元において、海底の地形についても学習し、大陸棚については次のように記述していた。

「海岸の近くは急に深くならず、深さ200mぐらいのところまでは［中略］陸地の続きで、［中略］大陸棚と呼ばれ、よい漁場であるばかりでなく、石炭、石油などの地下資源が［中略］埋蔵されている場合がある」とある。

『中学社会1 地理』（学校図書 昭和45年）より引用

さまざまな説明の仕方

　しかし、最新教科書を読むと、この大陸棚の定義のニュアンスが微妙に変化している。

たとえば「大陸の周辺に見られる、海岸からゆるやかに傾斜しながら続く海底を大陸棚という。近年の国際的な取り決めにより、その範囲が定められつつある」などだ。もしくは、「水深２００ｍより深い海底でも、地質学的に陸地の影響が強く及んでいる範囲を大陸棚と定め、沿岸国による地下資源に対する権利をみとめるようになった」ともある。

　つまり、大陸棚の定義は、必ずしも深さ２００ｍまで、ということではなくなっているのである。

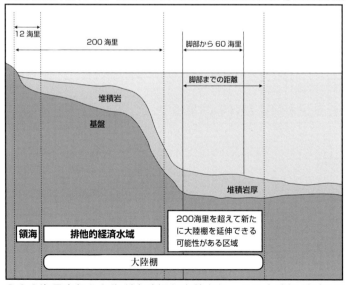

２００海里を超えた先が大陸棚と定義され、その大陸棚がどこまで続いているかは、あいまいになっている。

国際条約でもあやふやな定義

　国際法上、19世紀までは「領海」と「公海」という大雑把な概念はあったものの、大陸棚に対する規定は不明確であった。

　時を経て、海洋の権利を定めた国連海洋法条約が、１９９４年に発効される。

　その中で大陸棚の定義が、従来の地理学上での定義「水深２００ｍまで」から「資源開発を可能にする限度までであるものの海底」という解釈の余地を残すものに変更された。それにより教科書の記述も変わったのである。

　大陸棚の延長によって、島国である日本は、海洋資源を獲得するチャンスが広がったといえるだろう。

　その一方で、定義の変更により懸念事項も浮かび上がってきた。たとえば、日本の排他的経済水域まで大陸棚が伸びているとの主張を中国が強め、対抗措置として、日本は地質調査を行っているという現状もある。

《 東シナ海における国境線 》

日中中間線は、日本が主張する日中の排他的経済水域の境界。
　中国は大陸棚が沖縄トラフ近辺まで続いていると主張しており、日本と対立している。

地理 20 火山の種類はひとつだけに！？

活火山・死火山・休火山に分類
⬇ ⬇ ⬇
死火山・休火山の区分は廃止。活火山だけに

富士山は「休火山」だった

かつて、火山には「活火山」「休火山」「死火山」などの分類が設けられていた。

昭和30年～40年ごろの定義では「今現在、噴火をくり返している火山」が活火山。「歴史時代＜文献による検証可能な時代＞に噴火した記録が残っている火山」が休火山。「現在及び歴史時代に噴火した記録が残ってない火山」が死火山とされていた。

この定義によれば、浅間山や桜島は活火山となり、富士山は休火山、鳥取県の大山や四国最高峰の石鎚山は死火山に分類される。

つまり、休火山と死火山の差は、人間が観測し、その噴火の事実を記録しているかどうかによる。

明治時代から使われていた分類

活火山、休火山、死火山という分類は、明治時代からすでにあった。だが、過去の噴火記録だけをもとにするのでは科学的根拠に欠けるという指摘がつねにあった。

その後、年代測定法などの発達により、火山の寿命が非常に長く、数百年、数千年程度の休止期間だけで死火山と

断定するのは、いささか早すぎるという考え方が、1950年代から主流になってきた。そこで、1960年代からは、噴火の記録がある火山すべてを活火山と呼ぶことが多くなった。

《日本に分布する活火山》

気象庁ホームページ「活火山とは」内の図をもとに作成

111の活火山のうち、50もの火山が24時間体制で噴火の前兆をとらえるべく、常時、監視・観測されている。

新たな活火山の定義

1979年、一般的には死火山と認識されていた御嶽山(長野県・岐阜県)が水蒸気爆発を起こし、噴火した。これがきっかけとなり、火山の分類が見直され、死火山、休火山の分類が廃止されて、教科書の記述も変わっていく。

現在、気象庁が定義する活火山は「概ね過去1万年以内に噴火した火山及び現在活発な噴気活動のある火山」とされ、全国111の火山が活火山とされている(2017年6月時点)。

さらに2007年より、火山活動の状況に応じ、警戒が必要な範囲を定めた噴火警戒レベルが、活火山ごとに公表されている。

〈 噴火警戒レベルの区分 〉

種別	名称	対象範囲	レベルとキーワード	火山活動の状況
特別警報	噴火警報	居住地域及びそれより火口側	レベル5 避難	居住地域に重大な被害を及ぼす噴火が発生、あるいは切迫している状態にある。
特別警報	噴火警報	居住地域及びそれより火口側	レベル4 避難準備	居住地域に重大な被害を及ぼす噴火が発生すると予想される(可能性が高まっている)。
警報	噴火警報	火口から居住地域近くまで	レベル3 入山規制	居住地域の近くまで重大な影響を及ぼす(この範囲に入った場合には生命に危険が及ぶ)噴火が発生、あるいは発生すると予想される。
警報	噴火警報	火口周辺	レベル2 火口周辺規制	火口周辺に影響を及ぼす(この範囲に入った場合には生命に危険が及ぶ)噴火が発生、あるいは発生すると予想される。
予報	噴火予報	火口内等	レベル1 活火山であることに留意	火山活動は静穏。火山活動の状態によって、火口内で火山灰の噴出等が見られる(この範囲に入った場合には生命に危険が及ぶ)。

気象庁ホームページ「噴火警戒レベルの説明」をもとに作成

地理 21 海岸の地形の名が変わった

> リアス式海岸
> ⬇ ⬇ ⬇
> リアス海岸

用語の由来はスペイン

　地理の授業で習った「リアス式海岸」。テストでも頻出する単語のため、ギザギザしたのこぎり型の地形、養殖が盛んといった具体的なイメージとともに強く印象に残っているかもしれない。最新教科書では「式」が抜けて、「リアス海岸」と記述されている。

　そもそもリアスとは、スペイン北西部のリアスバハス海岸がもとになっている。リアスバハス海岸の「リアス」とはスペイン語（もしくはガリシア語）で、「入り江」の複数形だ。つまり、幅の狭い入り江がたくさん連なっている地形を表している。

　こうして日本にある、リアスバハス海岸と同じような地形をリアス式海岸と呼ぶようになった。

いくつもの入り江が入り組んでおり、養殖に適している。

「リアス式海岸」でも間違いではない

　現在は「式」をつけない呼称が主流になっているが、リアス式海岸という呼称が間違いというわけではない。ただ、もともとの英語表記には「式」に相当する言葉はなかったため、「リアス式海岸」よりも「リアス海岸」のほうが適切な表現であるとして、学会などでは「式」なしの表記が使われるようになっていった。

　そのため、教科書や地図帳などでは、2008年前後より記述が改められている。

　ちなみに、リアス海岸よりスケールが大きい、同じ海岸線の地形として「フィヨルド」を習ったことだろう。ノルウェー語で「狭い湾」を意味するフィヨルドは、氷河によって削り取られてできた谷に、水が入り込んでできた地形のことだ。

湾の幅が広く水深が深いフィヨルド。大型船も内陸まで進める。

地理 22 自然災害と防災意識

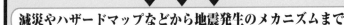

自然災害の種類を説明
⬇ ⬇ ⬇
減災やハザードマップなどから地震発生のメカニズムまで

自然災害について学ぶ単元がある

　自然災害について旧教科書では、公害の項目とまとめて、どのような災害があるのかにふれるのみで、くわしく学習しなかった。

　しかし、最新教科書では、公害は環境問題の重要項目として別立てとなっている。自然災害については地震や津波、火山活動、台風、大雨などで、しばしば大きな被害を受けてきた歴史のほか、災害から身を守るために防災意識の向上を図る学習内容が盛り込まれている。

自然災害と防災の2本立て

　日本の国土は環太平洋造山帯※に属しているため、火山が非常に多く、噴火による被害もたびたび起こっている。

　最新教科書では、1991年に噴火した雲仙普賢岳（長崎県）の火砕流被害などで死者をともなう被害を受けたことなども紹介されている。

　洪水や土石流被害などの事例も取り上げられ、さらには、アスファルトが敷いてあるため土中に染み込まなかった雨が洪水を引き起こす都市型水害などにもふれる教科書まである。

東日本大震災などを扱う場合には、被害の大きさを記すだけではなく、そこから力強く立ち上がる人びとの姿に焦点をあてていることも工夫のひとつといえよう。

高まっている防災意識

各自治体が準備している災害ハザードマップの利用の仕方についても解説しているほか、ボランティアがどのような支援活動を行うかまで、教科書では記述されている。

阪神・淡路大震災や東日本大震災に代表される未曾有（みぞう）の災害による教訓を経て、いずれ起こると予測されている南海トラフをきっかけとした巨大地震などに備えるなど、防災への意識を高めるため、教科書の記述は大きく変わったといえる。

〈 想定される巨大地震とその震源域 〉

気象庁ホームページ「南海トラフ地震で想定される震度や津波の高さ」を参考に作成

南海トラフと相模トラフを主な原因として、巨大地震が連続して起こる可能性もあると想定されている。

地理 23 使われなくなった経済指標

GDPとGNP
↓ ↓ ↓
GDPとGNI

GNPは全国民の稼いだお金

　国の経済力を表す指標・概念として、「国民総生産」＝GNP（グロス・ナショナル・プロダクト）は、国民の豊かさの目安としてよく使われた。

　GNPはその国の国籍をもつ国民や、企業が生み出した商品、サービスの付加価値の合計ということになっている。つまり、国民（ナショナル）が儲けたお金の総額ということだ。

　たとえば、日本人がアメリカや中国で稼いだお金も、日本国籍をもつ人であれば、日本のGNPとして計上されることになる。

　しかし、最新教科書では、GNPは姿を消し、「国内総生産」＝GDP（グロス・ドメスティック・プロダクト）が主に使われている。

国の経済規模を示すGDP

　一方のGDPは国内、つまりドメスティックで生み出されたサービスや商品の付加価値の合計ということになる。

　GNPとの違いは、人や企業の国籍がどこであれ、その国で生み出された付加価値のみが計算されるのがGDPと

いうことになる。つまり、日本国籍をもつ人物が外国で稼いだお金は、日本のGDPには算入されない。

GDPの数値を見ればその国の経済の規模がわかり、GNPはその国の人の豊かさがわかるということになる。

経済のグローバル化が指標を変更させた

日本では、1993年ごろより、国連の基準により計算したGDPを経済指標として用いる機会が増えた。

経済のグローバル化が進み、多国籍企業が増えた現在、その国の従業員や原料を使って生み出した商品が他国の経済活動の成果として計上されるのは、国の経済活動を示す目安としては不十分とされたためだ。

ただし、GNPに代わる指標として、「国民総所得」＝GNI（グロス・ナショナル・インカム）が使われる場合もある。

また近年、国民総幸福量＝GNH（グロス・ナショナル・ハピネス）というブータン独自の指標が世界で知られるようになった。GNHは、①公正で公平な社会経済の発達、②文化的、精神的な遺産の保存、促進、③環境保護、④しっかりとした統治、の主に4つで成り立っている。

GDPなどとくらべるものではないが、物質的な豊かさだけでなく、精神的な豊かさを表す指標として、今後も注目されるだろう。

地理24 日本の貿易相手

アメリカがダントツの相手
⬇ ⬇ ⬇
中国が貿易相手として著しく伸長

最大貿易相手が変化

　資源に乏しい日本は、貿易によって世界の国ぐにから原材料を輸入し、それを製品に変えて輸出する「加工貿易」によって利益を上げてきた。その際の貿易相手は時代ごとに異なり、教科書の記述も変わってきている。

　1975年の統計では輸入、輸出ともにアメリカがトップ。輸出では、アメリカ、中国、韓国、中華民国（台湾）、リベリアと続く。聞き慣れないであろうリベリアは、西アフリカに位置する国だ。当時の日本は造船大国であり、日本の造船企業は税制対策として、税の安いリベリアにいったん船籍を移した結果、リベリアがランクインすることになったである。

　輸入ではアメリカに続き、サウジアラビア、オーストラリア、イラン、インドネシアと続く。

中国の存在感が大きくなった

　2015年の統計によると、日本の輸出相手は、依然としてアメリカが20%でトップ。以下、中国が約17%、韓国、台湾、香港と続く。輸入相手では中国が約25%でトップ、そしてアメリカが約10%、オーストラリア、韓国、サウ

ジアラビア、UAEが続く。

2009年、輸出入ともに中国が貿易相手のトップに躍り出たが、その後アメリカが巻き返した形だ。

輸入相手として中国がトップになったのは、2002年ごろだ。このころ、日本は人件費の安い中国に工場を建て、製品を現地で製造して日本に輸入するという仕組みができた影響が大きい。

最新教科書ではそうした中国の工業事情についてくわしく学習するようになっている。

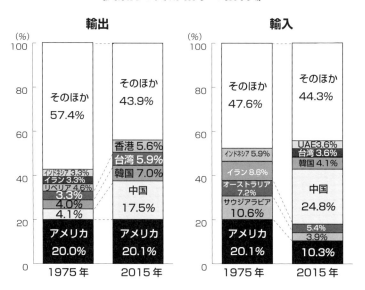

《 新旧の貿易相手の割合 》

貿易相手国として中国の伸張が目立つ。原油の輸入先はイラン革命以後、イランからサウジアラビアやＵＡＥになっている。

対アメリカ・対中国との輸出入

　品目別の貿易額を見ると、日本の輸出品のトップは機械類には変わりはないが、その割合は大きく変化している。

　日本の輸出品目の機械類を具体的には、自動車や半導体電子部品、原動機、半導体製造装置、科学光学機器、電気機器などだ。

　1970年代までは、一定量の繊維・繊維製品を輸出しているものの、現在ではほとんど輸出していない。日本全体の輸出額は3倍ほどになっているものの、繊維・繊維製品の輸出額割合は大幅に減っている。

　日本が外国から輸入する品目も、機械類がかなり増えている。輸入品目の機械類を具体的にいうと、通信機、電算機類で、それぞれ、スマートフォン、パソコンなどだろう。

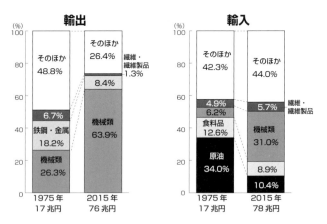

《 輸出入の品目の割合 》

　1975年に34%も占めていた原油の輸入量は、液化天然ガスへの切りかえと、国内の省エネ化が進んだため減少した。

日本の工業地帯・地域

四大工業地帯と工業地域
⬇ ⬇ ⬇
三大工業地帯と6工業地域

北九州工業地帯の減退

　日本の工業地帯といえば、かつては京浜、中京、阪神、北九州の「四大工業地帯」だったが、現在、この用語は使われていない。

　最新教科書では、京浜、中京、阪神の「三大工業地帯」と、北関東、京葉、北陸、東海、瀬戸内、北九州の6工業地域という分け方をする場合が多い。

　四大工業地帯のひとつとして数えられていた北九州工業地帯は、豊富な石炭資源を背景に、明治から昭和初期にかけて飛躍的に発展した。ところが、相次ぐ炭鉱の閉山や日本国内の産業構造の変化により、しだいに規模は縮小。現在の出荷額は北関東工業地域の3分の1ほどしかないことから、工業地域と表記する教科書が多い。

　なお、「地帯」と「地域」の呼称の違いはというとどうだろうか。道路や海岸に沿って帯状につらなっているか、もしくは放射状に広がっているのか、または地帯は戦前から使われ、戦後は地域という呼称が使われるようになったなどといわれているが、とくに明確な定義があるわけではない。

地方の工業地帯・地域の台頭

　日本の工業では、人口や資本の集まる東京から横浜にかけての京浜工業地帯が、長らく日本最大の工業出荷額を誇っていた。しかし、工業地帯の周辺地域への伸展や工場の分散などが進んだ結果、出荷額は中京工業地帯に追い越され、日本第２位となっている。

　その代わり、機械工業が発達した北関東工業地域や、石油化学工業や鉄鋼が中心の京葉工業地域の工業出荷額が伸びている。とくに北関東工業地域は、最新教科書で大きく扱われている。

《 日本の工業地帯と地域 》

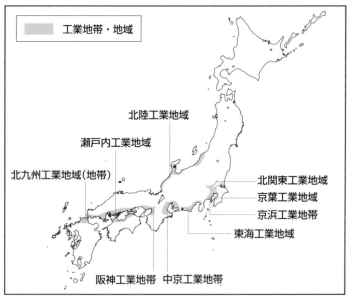

海岸沿いだけでなく、内陸部の北関東でも工業地が形成されている。

中京工業地帯の台頭

　日本最大の工業出荷額を誇る中京工業地帯は、ほかの工業地帯がその額を下げているなか、少しずつ増えている。

　もともと、木曽三川などの大きな河川により工業用水が確保しやすく、東西交通の要所であり、瀬戸（愛知県）や多治見（岐阜県）の陶器、一宮（愛知県）の繊維産業が盛んで工業地域としての地盤は築かれていた。そこへ、トヨタに代表される自動車工業や、四日市（三重県）の石油化学工業などが根づき、中京工業地帯の発展を支えている。

《 各工業地帯・地域の出荷額（2012年度） 》

中京　50.4兆円

金属	機械	化学	食料品	そのほか
10.4%	65.8%	7.5%	5.0%	11.3%

阪神　30.7兆円

金属	機械	化学	食料品	そのほか
20.5%	36.2%	18.1%	10.7%	14.5%

瀬戸内　29.2兆円

金属	機械	化学	食料品	そのほか
18.9%	31.1%	27.0%	7.6%	15.4%

北関東　27.3兆円

金属	機械	化学	食料品	そのほか
11.9%	45.7%	10.2%	13.9%	18.3%

京浜　26.0兆円

金属	機械	化学	食料品	そのほか
8.9%	46.9%	18.5%	10.2%	15.5%

東海　15.8兆円

金属	機械	化学	食料品	そのほか
7.5%	51.6%	10.2%	14.5%	16.2%

京葉　12.4兆円

金属	機械	化学	食料品	そのほか
20.6%	14.5%	43.4%	13.3%	8.2%

中京工業地帯の出荷額はほかの工業地帯・地域を圧倒し、瀬戸内工業地域と北関東工業地域の出荷額は京浜工業地帯を上回る。

地理26 低下をたどる食料自給率

> 農業従事者の減少
> ↓ ↓ ↓
> 農業従事者の減少と高齢化、貿易の自由化

食料自給率が40%を切る

　農業の担い手不足が叫ばれているが、これは旧教科書のころから変わっていない。追い打ちをかけるように、現在は農業従事者の高齢化まで問題になっている。

　さらには、関税や輸入量を緩和もしくは撤廃する貿易の自由化が進んだことで、海外から安価な農産物が輸入されるようになる。その結果、1965年には70％（カロリーベース）以上あった食料自給率※は、平成になると50％（カロリーベース）を割り込んでいる食料をいかに輸入に頼っているかがわかる。

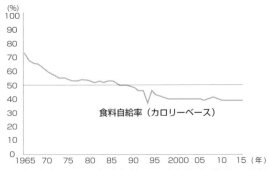

《日本の食料自給率》

2015年時点でも、食料自給率は38％と横ばいが続く。

北海道が米どころに

　日本の都道府県で食料自給率が１００％（カロリーベース）を超えているのは、大規模な農業経営が根づく北海道と、東北各県だけである。

　その北海道でも、米の生産だけは冷害の影響を受けやすいため減少傾向にあると旧教科書では紹介されていた。

　しかし、品種改良がくり返され、寒さに強い品種がつくられたことで、米の生産量は飛躍的にアップ。今や、日本を代表する米どころである新潟県と、１位を競うまでになっている。

《 都道府県別の食料自給率 》

平成27年度確定値（カロリーベース）をもとに作成

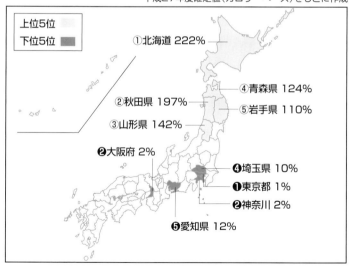

食料自給率が１００％を超えているのは、１道４県と新潟県しかない。東京都、大阪府、神奈川県は１ケタのみ。

地理 27 日本の漁業のゆくえ

> 年間の総漁獲量は約１２００万トン
> ↓ ↓ ↓
> 年間の総漁獲量は約５００万トン

条約によって漁獲量に歯止め

旧教科書の日本における水産業の学習内容では下記のように記述されている。

日本はこれまで水産資源の増減をあまり考えずに漁獲を行ってきたが、今後は日本の総漁獲量の半分を占める遠洋漁業でも、資源保護のため条約で規制されるため＜とる漁業＞から＜つくる漁業＞に切りかえていくことが重要

『中学社会１　地理』（学校図書 昭和45年）より引用

最新教科書でも、「とる漁業」から「育てる漁業」へと記述されており、方向は大きく変わっていないが、日本の漁獲量（漁場で漁獲されたすべての数量）に関しては少し踏み込んだことまで書かれている。

低下の一途をたどる日本の漁獲量

１９８２年、海岸線から２００海里までを「排他的経済水域」とする国連海洋法条約が採択された。サケ、マスなどのように、産卵のために川へもどってくる魚は、その産卵する川をもつ国に漁獲の権利があるという「母川国主義」

が主張され、北洋漁業に関しては漁獲が大きく制限された。

そのため、日本の漁獲量は下落傾向にあり、１９８５年ごろは総漁獲量が１２００万トン前後だったのに、２０１５年ごろは５００万トン前後となっている。

しかし、依然としてスーパーではたくさんの魚が売られており、魚介類の消費量はそれほどかわっていない。２００９年の時点で日本は世界第３位の魚消費大国である。

消費される魚介類の大部分は、輸入された海産物である。１９８５年ごろに２００万トンほどだった輸入海産物は、２０１５年ごろになると５００万トン前後と倍以上に増えている。日本は、漁獲される魚介類と、ほぼ同じ量の魚介類を、外国から輸入するようになったということだ。

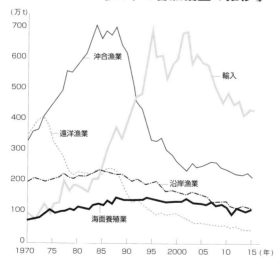

《日本の各漁獲量の推移》

沿岸、遠洋、沖合という主な漁場での漁獲量は減り、その分、輸入が増えたことがわかる。

主要な漁港の水揚量と品目

日本の漁港ごとの水揚量(漁獲物を水揚げした際の重量)のランキングはどうだろうか。

年単位の水揚量の変動は激しいが、銚子（千葉県）や焼津（静岡県）がつねに最上位にある。上位にランクインする漁港の顔ぶれはだいたい決まっており、釧路、根室（ともに北海道）、八戸（青森県）、銚子、焼津、境港（鳥取県）、長崎、松浦（ともに長崎県）などが常連である。

もちろん、水揚げされる魚介類は、漁港によって特色がある。釧路ではさんま、ほっけ、根室はたら、ほっけ、八戸はいか、さば、銚子はいわし、さば、さんま、焼津はまぐろ、かつお、境港はあじ、カニ、長崎はあじ、さば、松浦はさば、などが主に水揚されている。

《 全国主要漁港の水揚高ランキング 》

	1位	2位	3位	4位	5位
2014年	銚子 約274万トン	焼津 約168万トン	釧路 約131万トン	八戸 約121万トン	根室 約117万トン
2015年	銚子 約219万トン	焼津 約169万トン	境港 約126万トン	長崎 約119万トン	松浦 約117万トン
2016年	銚子 約276万トン	焼津 約155万トン	長崎 約128万トン	釧路 約114万トン	境港 約107万トン

２０１４〜２０１６年にかけての３年間、千葉県の銚子港が水揚高全国１位を誇っている。

28 最小の都道府県が変わった?

47位大阪府、46位香川県、45位東京都
↓ ↓ ↓
47位香川県、46位大阪府、45位東京都

新たな算定方法で面積が減少

「一番面積の小さい都道府県は大阪府」と覚えている人がいるかもしれない。そうでなくとも、関西国際空港（面積約1300ha）ができたことによって、大阪府は2番目に小さかった香川県を逆転した、と考えている人がいるかもしれない。

だが、面積が逆転したのは1994年に関西国際空港が開港するより6年前のことである。

この年、国土地理院はそれまでの面積の算定法を、より精度の高いものへと変更した。すると、香川県香川郡直島町と岡山県玉野市とが県境を接する地域で、瀬戸内海に浮かぶ井島（岡山県側の呼称は石島）の海岸線の県境が不確定だったことが判明。直島町から井島の面積が削除され、香川県の面積は減少する。その結果、大阪府はくり上がって面積が46位となったのである。

2位となった大阪府は、先述の関西国際空港のほかにも、舞洲（面積約220ha）を開発。さらには、開発中の夢洲（完成すれば面積約390ha）など、複数の埋め立て事業を進めて、その面積を増やし続けている。

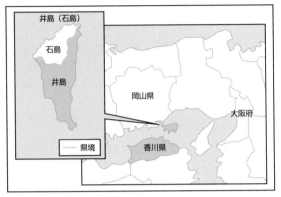

島内に県境が引かれている有人島は全国でもめずらしい。

最大と最小の市区町村

　市区町村の面積は、いわゆる「平成の大合併」（１９９９年～２０１０年）によってその順位を大きく変えた。

　日本一面積の大きな市町村は、２００５年までは北海道足寄郡足寄町だった。平成の大合併後はどうなったのだろうか。

　２０１８年時点での市町村の面積１位は、10の市町村が合併してできた岐阜県高山市（２１７７.６１㎢）だ。この高山市の面積がどれだけ大きいかというと、香川県や大阪府以上で、東京都とほぼ同じぐらいである。

　一方、２０１８年時点でもっとも面積の小さい市区町村は富山県中新川郡舟橋村（３.４７㎢）だ。日本一小さな市である埼玉県蕨市（５.１０㎢）の面積は、羽田空港の面積よりも小さいが、舟橋村はそれよりさらに小さい。

29 増え続ける政令指定都市

> 5都市でスタートした政令指定都市
> ↓ ↓ ↓
> 20の政令指定都市。中核市も誕生

政令指定都市のメリット

　旧教科書では政令指定都市についてあまりふれていなかったが、最新教科書では日本の人口分布と変化の単元で学習することになっている。

　ある一定の人口規模をもつ都市は、地方自治法にもとづいて「指定都市」（一般的に政令指定都市と呼ばれる）と定められる。

　指定都市になると、区制が施行されて区役所が設置され、より丁寧な住民サービスが行われるようになるという。そして本来、県や県知事が権限をもつ保健や福祉、教育、土木、都市計画などの事務を、市や市長が独自に行うことができるようになる。

　指定都市になるためには、人口50万人以上という条件しかない。だが、実際には「人口80万以上で将来的に人口１００万程度に増加する見込みのある都市」が指定を受けてきた。

　地方分権の流れにのって、２００１年ごろに基準が人口70万人程度に緩和されると、次のページの地図にあるように、その数を一気に増やした。

《 全国の指定都市 》

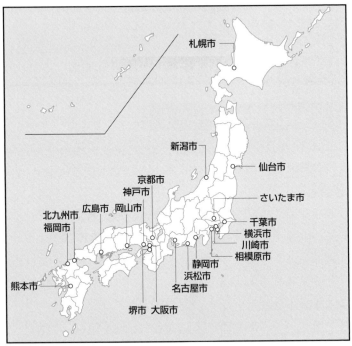

太平洋沿岸や瀬戸内海沿いに、指定都市が集中している。

福岡市より先に指定された北九州市

　制度が始まった1956年に指定を受けた都市は、横浜、名古屋、京都、大阪、神戸の5都市だ。そして、1963年に、都道府県庁所在地でない都市として、初めて北九州が指定を受け、その後、札幌、川崎、福岡、広島、仙台、千葉、さいたまと続いた。

　基準が緩和されて以降は、2005年に静岡が指定され

たのを皮切りに、堺、新潟、浜松、岡山、相模原(さがみはら)、熊本と、ほぼ1、2年おきに指定が続く。そうして2018年時点では、全国で20の指定都市が存在する。

中核市という区分もスタート

1996年には「中核市」について法令が定められた。法定人口が20万人以上の都市が指定されることになった。都道府県の権限の一部だけを市に移す制度である。主旨としては指定都市の仕組みと変わらないが、指定都市よりも、その権限移譲の事務は限られている。

初年度から宇都宮、金沢、岐阜、姫路、鹿児島などが指定され、2018年時点では、全国で54もの都市が中核市に指定されている。堺市や新潟市のように、中核市から指定都市になった都市もある。

なお、「特例市」という制度が存在したが、2015年に廃止となり、廃止時点で特例市だった都市は「施行時期特例市」と呼ばれる。この特例市の中にも、中核市となった都市がある。

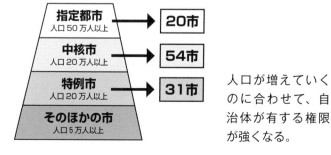

《 地方公共団体の区分（2018年）》

人口が増えていくのに合わせて、自治体が有する権限が強くなる。

地理 30 続々とつくられる地図記号

明治から続いた地図記号の改変が落ち着く

平成になって新たな地図記号が登場

日本陸軍の測量地図がルーツ

地上の情報を、簡略化した印（地図記号）によって整理し、地図上に表記することは古くから行われてきた。

だが、日本で地図記号が本格的に使われ始めたのは、明治時代、フランスにならい陸軍による地図測量が始まってからだ。陸軍はその後、ドイツを模範としたため、日本の地図記号は、ドイツと似ているものがあり、鉄道や針葉樹林、広葉樹林などの記号はほぼ同じである。

その後も地図記号はつくられ続け、軍事作戦用に道幅や何製の橋か、田んぼの種類（沼田・水田・乾田）まで区分された結果、戦前には、なんと２７０種も用いられていた。

その後、地図記号は変更や改廃されながら、１９６５年には１１６種類まで減っている。

使われなくなった地図記号

国土地理院の地図記号は、時代とともに見直しや追加などが行われている。たとえば「古戦場」は昭和35年式、「牧場」は昭和40年式の地形図では使われなくなった。古戦場はそれのみを特別に掲載する必要がなく、牧場は数が減ったためと考えられる。

また、昭和61年式からは、「電話局」と「塩田」が消えた。日本電信電話公社（現在のNTT）が民営化され、電話局を直接訪れる機会もあまりないためで、塩田は、牧場と同じく数が減ったためであろう。
　そのほか、温泉など、デザインが微妙に変更されているものはいくつか存在している。

《 日本の主な地図記号 》

●明治時代の地図記号（一部抜粋）

学校（高校）	病院	郵便局	温泉	灯台	田
（明治18年）	（明治18年）	（明治24年）	（明治18年）	（明治18年）	（明治18年）

●現在の主な地図記号

学校	学校（高校）	警察署	消防署	病院	郵便局
寺	神社	工場	温泉	港	灯台
裁判所	田	畑・牧草地	木（針葉樹林）	木（広葉樹林）	果樹園

現在使われている地図記号は、時代とともにデザインが改められたり、新しくつくられたりしている。

新しく追加された地図記号

新規に追加された地図記号は、1997年に作成された電子基準点（△）がある。そして、2002年には「博物館」（🏛）と「図書館」（📖）が、さらに2006年には、「（風力発電用）風車」（✺）と老人ホーム（🏠）が追加された。とくに、風車と老人ホームは、全国の小中学生から公募し、その中から選ばれたものである。

2018年時点では、それらに加え、外国人旅行者向けの地図記号も16種類存在している。

《 外国人向けの地図記号 》

郵便局	交番	神社	協会
博物館／美術館	病院	銀行／ＡＴＭ	ショッピングセンター／百貨店
コンビニエンスストア／スーパーマーケット	ホテル	レストラン	トイレ
温泉	鉄道駅	空港／飛行場	観光案内所

訪日外国人がよく使用する施設の地図記号がつくられた。

用語解説 地理編

ページ	用語	解説
084	人口支持力	人口を養う力。食料やエネルギーの供給量が多いほど、人口が増えやすい。
087	ペレストロイカ	ロシア語で「たて直し」という意味。ソビエト連邦が行ったこの改革をきっかけとして冷戦は終結したが、体制の崩壊につながった。
091	モンテビデオ条約	正式名称は「国家の権利及び義務に関する条約」であり、1933年に20か国が調印。国家の要件を定めた第1条をはじめ、16条からなる。
097	ムガル帝国	16世紀前半から19世紀中ごろにかけて、インド亜大陸の大部分を支配したイスラーム帝国。
102	シェンゲン協定	EU加盟25か国での、人やモノの移動の自由化について定めた合意のこと。
105	IMF	国連の機関。国際通貨システムの安定のための加盟国の監視や、経済リスクを抱えた国への助言を行い、資金を融資する。
112	GNSS	「Global Navigation Satellite System」の略。GPSや準天頂衛生などを利用して位置を測定するためのシステムの総称。
120	シーレーン	通商上や戦略上、国家の存立に影響を与えかねない事態に際して確保されるべき、重要な海上交通路のこと。
120	国連海洋法条約	海洋における国家間の取り決めを定めた、国際条約。
132	環太平洋造山帯	太平洋を取り巻くように連なる造山帯の呼び名。地球の表層部に位置するプレートの運動によって大規模な山脈が生まれる一帯を造山帯という。
142	食料自給率	国内の食料生産によって、どれだけ国内の食料消費をまかなえるかを数値化した指標。カロリーベースと生産額ベースの2種類がある。

Part.2 地理編

さくいん

歴史編

あ行

アイヌ	052, 058
アウストラロピテクス	015
足利尊氏	048
阿弖流為	036
絵踏	055
王政復古の大号令	064
応仁・文明の乱	046
大王	023

か行

鎌倉幕府	040
帰化人	028
遣唐使	038
元寇	042
甲午農民戦争	066

さ行

坂上田村麻呂	036
士農工商	050
鎖国	052
島原・天草一揆	054
四民平等	050
真珠湾攻撃	068
生類憐みの令	060
杉原千畝	070
船中八策	062

た行

大仙古墳	022
武田信玄	048
朝鮮戦争	072
チンギス=ハン	042, 075
天領	056
徳川綱吉	060
徳川慶喜	064
渡来人	028

な行

仁徳天皇陵	022

は行

幕領	056
踏絵	055
マレー作戦	068

ま行

源頼朝	048
任那	027
ムハンマド	074

や・ら・わ行

大和政権	027
4つの口	052
四大文明	017
倭寇	044
和同開珎	034

 地理編

あ行

- アフリカの年……………089
- アマゾン川………… 109,111
- アラル海…………………114
- EU………………………102
- イヌイット………………119
- エベレスト山……………113
- オゾンホール……………118
- オブザーバー国家………092

か行

- 加工貿易…………………136
- 活火山……………………127
- コルホーズ………………104
- コンゴ……………………094
- 国土地理院…112,123,147,152

さ行

- サンクトペテルブルグ…100
- サンベルト………………108
- GNI……………………134
- GNSS…………………112
- GNH……………………135
- GNP……………………134
- 指定都市…………………149
- 常任理事国………………093
- 食料自給率………………142
- シリコンバレー…………108
- 人民公社…………………104
- ソホーズ…………………104

た行

- 大陸棚……………………124
- 地図記号…………………152
- デリー……………………097

な行

- ナイル川…………………109
- NIES……………………105
- ニューデリー……………097
- ネーピードー……………097

は行

- ヒマラヤ山脈……………113
- ビルマ……………………094
- BRICs……………………106
- 平成の大合併……………148
- ホー・チ・ミン…… 086,100

ま行

- マニラ……………………097

や・ら行

- 四大工業地帯……………139
- ラストベルト……………107
- リアス式海岸……………130
- レニングラード…………100

■主な参考文献

『中学社会 歴史 未来をひらく』(教育出版 平成30年)
『新編 新しい社会 歴史』(東京書籍 平成30年)
『社会科 中学生の歴史 日本の歩みと世界の動き』(帝国書院 平成30年)
『中学社会 歴史的分野』(日本文教出版 平成30年)
『中学社会 歴史 未来をひらく』(教育出版 平成30年)
『新版 標準 中学社会 歴史』(昭和46年 教育出版)
『新しい社会 歴史的分野』(昭和46年 東京書籍)
『中学社会科 歴史 最新版』(昭和49年 帝国書院)
『中学社会 地理 地域にまなぶ』(教育出版 平成30年)
『新編 新しい社会 地理』(東京書籍 平成30年)
『社会科 中学生の地理 世界の姿と日本の国土』(帝国書院 平成30年)
『中学社会 地理的分野』(日本文教出版 平成30年)
『中学校社会1 地理』(昭和45年 学校図書)
『新版 標準 中学社会 地理』(昭和46年 教育出版)
『新しい社会 地理的分野』(昭和46年 東京書籍)
『中学社会科 地理 最新版』(昭和49年 帝国書院)
『中学校社会科地図帳』(帝国書院 平成27年)
『新編 新しい社会地図』(東京書籍 平成30)
『地理B 地誌』(教育出版 昭和47年)
『いつのまにか変わってる地理・歴史の教科書』加藤ジェームズ(毎日コミュニケーションズ)
『歴史教科書の新常識』濱田浩一郎(彩図社)
『こんなに変わった! 小中高・教科書の新常識』現代教育調査班(青春出版社)
『国マニア 世界の珍国、奇妙な地域へ』吉田一郎(交通新聞社)
『消滅した国々 崩壊した183ヵ国』吉田一郎(社会評論社)
『探究を生む歴史の授業』加藤好一(地歴社)
『新・世界地理授業プリント』加藤好一(地歴社)
『中学地理の授業』加藤好一(民衆社)

このほか官公庁などのウェブサイトも参考にしています

編集・構成・DTP	造事務所
カバー・本文デザイン	吉永昌生
文	奈落一騎、西村まさゆき
イラスト・図版	原田弘和

【監修紹介】
加藤好一（かとう・よしかず）

１９４９年静岡県生まれ。中央大学法学部政治学科を卒業後、高校の講師として勤務したのち、公立小中学校教諭となる。千葉県の小学校、静岡県内の小中学校などで教鞭を執り２００８年３月に定年退職。同年４月より琉球大学教育学部に勤務し、准教授を経て２０１１年、教授に就任する。２０１４年３月に同大教育学部を退官。中学歴史・地理・公民の教科書の著作者となる。現在は伊東市史の編さんに従事してシニア歴史講座を開催。主な著書に『社会科の授業 小学６年』（民衆社）や『探究を生む歴史の授業』〈上〉（地歴社）などがある。

昔と今とはこんなに違う
社会科の教科書【歴史・地理編】

2019年1月1日　第一刷発行

監修	加藤　好一
編集・構成	造事務所
発行人	出口　汪
発行所	株式会社 水王舎
	〒160-0023
	東京都新宿区西新宿6-15-1
	ラ・トゥール新宿511
	電話 03-5909-8920
カバー印刷	歩プロセス
印刷	新藤慶昌堂
製本	ナショナル製本
編集統括	瀬戸起彦（水王舎）

落丁、乱丁本はお取り替えいたします。

©Yoshikazu Kato,ZOU JIMUSHO 2019 Printed in japan
ISBN978-4-86470-116-7